青少版

趣读杜甫

周婷◎著

航空工业出版社
北京

内容提要

在群星璀璨的唐代诗坛，有一颗耀眼的恒星，那就是“诗圣”杜甫。本书探寻历史，对杜甫一生的四个重要阶段（早年岁月、困居长安、战乱零落、漂泊西南）进行了详细的解读，引导孩子了解杜甫跌宕起伏的人生经历，走访他人生地图中那些不可或缺的重要坐标，品读他最为经典的诗歌作品，沉浸式感受杜甫不朽的人格魅力。

图书在版编目（CIP）数据

趣读杜甫 / 周婷著 . -- 北京 : 航空工业出版社，2024.11. -- ISBN 978-7-5165-3854-8

I . K825.6-49

中国国家版本馆 CIP 数据核字第 2024CR4208 号

趣读杜甫
Qudu Du Fu

航空工业出版社出版发行
（北京市朝阳区京顺路 5 号曙光大厦 C 座四层　100028）
发行部电话：010-85672688　010-85672689

艺堂印刷（天津）有限公司印刷　　全国各地新华书店经售
2024 年 11 月第 1 版　　2024 年 11 月第 1 次印刷
开本：787×1092　1/16　　字数：99 千字
印张：13　　定价：68.00 元

前言

当谈论杜甫时，我们脑海中浮现的往往是“诗圣”这一庄重的称谓，似乎这位伟大的诗人与我们的日常生活相距甚远。然而，真实的杜甫和所有人一样，有着鲜明的个性、强烈的爱憎和浓厚的情感。在《趣读杜甫》这本书中，我们将一同走进杜甫的人生，去感受他的喜怒哀乐，了解他的生活点滴，探索他的诗歌奥秘。

杜甫，字子美，是唐代最为杰出的诗人之一。他生活在距今已有一千多年的唐朝，那是一个充满传奇色彩的时代。杜甫用他的诗歌记录下了那个时代的风云变幻，也表达了他对人生、社会、历史的深刻洞察。他的诗歌，既有豪迈奔放的激情，又有深沉内敛的韵味，充满了智慧与情感，一字一词都耐人寻味。

然而，杜甫并不是一位高高在上、遥不可及的诗人。他的一生充满了曲折与坎坷，他经历过郁郁不得志的煎熬，经历过在战火中四处流亡的痛苦，也品尝过人情冷暖，更时常为一家人的生计愁苦、烦恼。他有过激情飞扬、壮游吴越的美好青春，也有过漂泊湘江、无家可归的晚年生活。正是这些丰富的人生经历，让他的诗歌更加真实、更加感人。

本书尽量通过“接地气”的描述，展现杜甫的生平事迹，让读者更加了解这位伟大诗人的成长经历和心路历程。

同时，本书也将带领读者领略杜甫诗歌的魅力。我们精心挑选了杜甫最有代表性的作品，结合杜甫当时的经历，用通俗易懂的语言进行解读，让读者能够轻松理解诗歌的含义和背后的故事。另外，本书还将带领读者探索杜甫的诗歌精神。杜甫笔下充满了对家国天下的忧虑和关切，以及对人民疾苦的同情和怜悯。他关心社会现实，关注民生福祉，他的诗歌是他忧国忧民精神的集中体现。通过阅读本书，读者也能够更好地理解杜甫的诗歌精神，学习他关心社会、关注民生的品质，培养自己的责任感和同情心。

在编纂本书的过程中，我们力求还原杜甫的真实面貌，为此我们深入研究了大量史料和参考书籍，用心梳理了杜甫的生平事迹，认真解读他的诗歌作品。在此，我们要感谢所有为本书付出辛勤劳动的人们，感谢他们对杜甫研究的贡献和支持。

我们衷心希望通过本书，让更多的读者走进杜甫的世界，感受他的诗歌精神和人格魅力，从中汲取智慧和力量，并激发对诗歌的热爱和对生活的热情。

目录

那些激情飞扬的岁月

长安，梦的开始与破灭

乱世浮沉，路在何方

漂泊西南的孤客

那些激情飞扬的岁月

响当当的家族

一听到“杜甫”这个名字，我们眼前可能会浮现出一位面容憔悴、忧愁沉郁的文士形象。杜甫的一生，仿佛总是和“潦倒”“贫病”等词语联系在一起。可你知道吗，杜甫居然来自很了不起的家族！

早在晋代，杜甫的家族中就出了一位名将——杜预。在战场上，杜预指挥得当，为西晋的统一立下了汗马功劳；而在治理地方时，杜预又兴修水利，发展生产，让老百姓的日子越过越好。更值得赞叹的是，杜预还博学多才，对历法、算数都有深入的研究，曾经为《春秋》（我国古代第一部编年体史书，记录了春秋时期的历史事件）作注解，真可谓“文武双全”。

作为杜预的第十三代孙，杜甫一向把这位“老祖宗”视为榜样。有一段时间，杜甫甚至去杜预墓所在地首阳山下住了一段时间，并写了一篇《祭远祖当阳君文》，在称颂杜预的武功、智慧

的同时，表明自己向先辈学习的志向，还说自己“不敢忘本，不敢违仁”，这也成了他一生的理想和追求。正因为杜预是京兆郡杜陵县（今陕西西安）人，所以杜甫常自称“杜陵野老”或“京兆杜甫”。

到了唐代，杜甫的曾祖父杜依艺当上了洛州巩县（今河南巩义）的县令，他们这一支族人便定居在了巩县。

在史料中，有关杜依艺的事迹记载并不多，但对他的儿子，也就是杜甫的祖父杜审言却浓墨重彩。杜审言年轻时就展现出了惊人的才华，和李峤（qiáo）、崔融、苏味道一起被称为“文章四友”。唐高宗时，杜审言考中了进士，获得了官职，后来又得到了女皇武则天的赏识和任用。唐中宗时，杜审言一度被贬到了岭南，但两年后就被赦免，还到国子监（唐朝时国家的最高学府）任职。

对于祖父杜审言的才华，杜甫是非常佩服的。他曾用“吾祖诗冠古”来称赞祖父在诗歌方面的成就。有一次，杜甫的次子杜宗武过生日，杜甫挥笔写下了一首《宗武生日》，诗中颇为自豪地说：“诗是吾家事。”意思是，作诗是我们杜家的传统。

小子何时见，高秋此日生。

自从都邑语，已伴老夫名。

诗是吾家事，人传世上情。

熟精文选理，休觅彩衣轻。

凋瘵筵初秩，欹斜坐不成。

流霞分片片，涓滴就徐倾。

别看杜审言留存下来的诗作不多，但几乎每一首都是难得的精品。他还是五言律诗的奠基者之一，并创建了大型组诗与排律的新形式。如果我们细细品味这祖孙俩的作品，就会发现杜甫在构思、句法、章法上都受到了祖父的一些影响，当然他又进行了自己的创新。

在杜甫的父辈中，父亲杜闲曾经担任过朝议大夫、兖（yǎn）州司马等官职，叔父杜并更是因为勇敢、孝顺备受人们的称赞。

圣历二年（699），杜审言被司马周季重陷害，定了死罪。16岁的杜并听说后，担心得连饭都吃不下去。在一次周季重家办宴会的时候，杜并将一把短刀藏在怀里，偷偷溜了进去，不顾一切地向周季重刺了过去……最终，杜并被侍卫当场杀死，而周季重也受了重伤，临死前懊悔地说：“我要早知道杜审言有这么孝顺的儿子……”这件事打动了女皇武则天，杜审言最终获得了释放。杜并因此被人们称为“孝童”，杜甫也一直以叔父的壮举为荣。

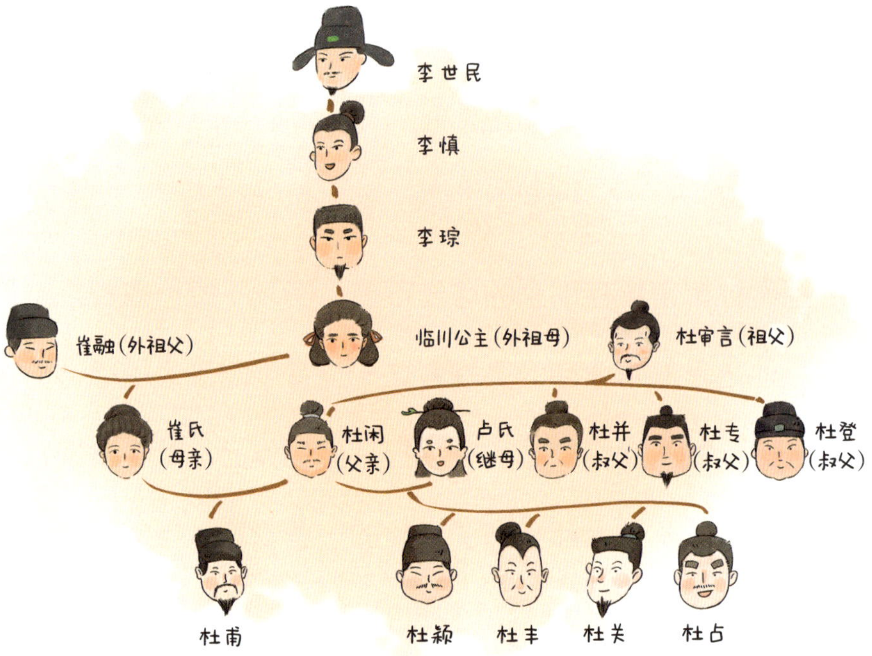

杜甫母亲这边的家族也很显赫。从杜甫写的《祭外祖祖母文》中，我们就能知道杜甫的外祖母来自皇家，是纪王李慎（唐太宗的第十个儿子）的孙女，后来嫁到了当时的名门望族——清河崔家。不过，杜甫的母亲很早就去世了，杜甫对她没有什么印象，却在诗中多次提到了崔家的“舅父们”，还说“舅氏多人物”，可见他的舅家人口众多，还出了不少人才。

可惜的是，无论是父亲的家族还是母亲的家族，到了杜甫这一代，都已经走向了没落，无法带给他物质上的帮助。杜甫之所以能够成为伟大的诗人，除了天赋异禀，还得归功于他自己的勤奋努力以及坚定的志向。

趣味延伸

我们非常熟悉的成语“势如破竹”就和杜甫的祖先杜预有关。《晋书·杜预传》记载了这样一段故事：西晋军队攻打东吴时，因为春雨连绵不绝，行军比较困难，有人认为应该放缓攻势。但杜预不同意，为了说服其他将领，他举了个生动的例子。他说现在军队士气旺盛，就好像是在劈开竹子，如果已经将竹子劈开了几节，下面的竹节也会迎着刀口裂开，不用再费大的力气去劈。最后，西晋皇帝司马炎接受了杜预的建议，命令西晋军队一路前进，直取东吴都城建业（今江苏南京）。一路上，他们几乎没有遇到什么大的抵抗，顺利灭掉了东吴。从那以后，人们就用“势如破竹”来比喻节节胜利，毫无阻碍。

“诗圣”的童年

“哇——哇——”712 年正月的一天（有说法是正月初一），在河南巩县东二里的瑶湾村，一个可爱的小婴儿呱呱坠地。当时谁也没有想到，他日后会成为中国诗坛了不起的“诗圣”。

虽然出生在巩县，杜甫童年的大部分时光却是在洛阳度过的。母亲去世后（后来他诗中提到的弟弟妹妹，都是继母卢氏的孩子），还不懂事的杜甫，被送到了洛阳的姑姑家里。姑姑非常善良，也很疼爱杜甫，甚至把他看得比自己的孩子还要重要。

有一次，杜甫和姑姑的孩子都生了重病，求医治疗也没有效果。姑姑急得不得了，只好去问女巫该怎么办。女巫出了个“馊主意”，让她把孩子放在门楹（yíng）的东南角，说这样做就能让孩子康复。闻言，姑姑马上把自己的孩子从东南角移开，把杜甫转移了过去……说来也奇怪，没过多久，杜甫的病竟真的好了，可姑姑的孩子却不幸夭折了。

虽然这种事情纯属偶然，但足见姑姑对杜甫的舐犊之爱。杜甫也一直铭记着姑姑的恩情。在姑姑去世时，杜甫披麻戴孝，亲自为其撰写墓志铭，并尊称其为“唐义姑”，后人读了无不热泪盈眶。

杜甫小时候虽然体弱多病，却早早展现出了诗歌天赋。7 岁时，他就写了一首《咏凤凰》，让在场的大人们惊叹不已。9 岁时，他开始学习书法，每天坚持苦练，很快就小有成就，自认为拿得出手的作品能装满一大袋子。

看到这里，你可能会想，杜甫小时候不会是个只知道读书写字的“书呆子”吧？当然不是啦！他和普通的孩子一样，也很调皮，经常干些上房揭瓦、爬树摘果之类的事情。看看他在诗里是怎么写的吧：“庭前八月梨枣熟，一日上树能千回。”从这些诗句中，我们不难想象杜甫的童年是多么自由快乐。

小时候的杜甫对整个世界都充满了好奇，也乐于去结识新朋友，见识新鲜事物。对于艺术，他更是有一种天然的敏感。6 岁的时候，他和家人来到河南郾（yǎn）城（隶属今河南漯河），在这里观看了一场精彩的剑器浑脱舞，舞者是当时赫赫有名的公孙大娘。她那洒脱、雄健的舞姿让杜甫如痴如醉，只不过那个时候他年纪尚小，还不知道该如何去描述自己的感受。

多年后，50 多岁的杜甫偶然又看到公孙大娘的弟子跳起了这支舞，顿时眼前一亮，仿佛一下子穿越了时光隧道，又看到了那“来如雷霆收震怒，罢如江海凝清光”的画面。于是，他激动地写下了《观公孙大娘弟子舞剑器行》一诗，让我们也能从精妙的诗句中领略公孙大娘的绝代风姿。

除了公孙大娘的舞蹈，李龟年的歌声也是杜甫童年最美好的记忆之一。

十几岁时，杜甫因为才华出众，得到了洛阳很多名士如崔尚、魏启心等的青睐，甚至被他们比作班固、扬雄再生。岐王李范、宠臣崔涤（dí）（即杜甫诗中的“崔九”）还经常邀请杜甫到其宅邸做客。杜甫就是在这些地方认识了当时的“歌坛巨星”李龟年。

据说李龟年的嗓音高亢嘹亮，有一种独特的韵味，他能把每一个音符都演绎得恰到好处，而且还懂作曲、会演奏多种乐器，是当时少有的音乐家。我们不难想象热爱艺术的杜甫，对如此多才多艺的偶像，会是怎样的追捧。

那个时期正处于大唐最为鼎盛的开元盛世，也是杜甫一生中最随性、最快乐的岁月。谁又能想到，强盛的大唐也会走向衰落，而诗歌天才杜甫、大唐音乐家李龟年，在几十年后竟会沦落到十分凄惨的境地。770 年，当老态龙钟的他们在潭州（今湖南长沙）

重逢时，心中只剩下无限的悲凉，而这也被杜甫写进了《江南逢李龟年》一诗中，让人唏嘘不已。

岐王宅里寻常见，崔九堂前几度闻。
正是江南好风景，落花时节又逢君。

趣味延伸

在唐朝，舞蹈种类多样，流行的舞蹈有健舞、软舞。

像“剑器浑脱舞”（由剑器舞和浑脱舞融合而成的舞蹈）这种运动量大、动作矫健的舞蹈就属于“健舞”，表演者往往身着戎装，手持兵器，看上去英姿飒爽，舞动时能让人联想到紧张的战斗场面。还有一种健舞叫“胡旋舞”，舞蹈者要快速做出跳、踢、旋转等动作，让人觉得眼花缭乱。据史书记载，安禄山就因擅长胡旋舞而深得唐玄宗与杨贵妃的喜爱。

和健舞相比，软舞的节奏就舒缓多了，舞蹈者的动作也非常柔美。像唐诗中出镜率很高的“绿腰”（也叫“六幺”）就属于软舞，舞蹈的节奏由慢到快，舞姿轻盈柔美，令人赏心悦目。五代画家顾闳中所绘《韩熙载夜宴图》中就有舞姬王屋山舞“六幺”的场面。

说走就走的旅行

不知不觉，杜甫告别了无忧无虑的童年，进入了青年。730年，年轻的杜甫开始了一场说走就走的旅行。

这种才子、文人的旅行也叫“漫游”，在唐代的文人圈子里十分常见。“诗仙”李白就是唐代“漫游达人”的代表，他的足迹遍布大半个中国。还有孟浩然、高适等也都是当时的漫游爱好者。至于他们漫游的原因，或是想要游山玩水，或是意欲求仙问道，或是意在结交朋友，或是给自己寻找出路……不管是哪一种，漫游都能让他们开阔眼界、增长见识，还能从中得到灵感，写出广为流传的诗歌作品。杜甫能够成为伟大的诗人，和多次的漫游分不开，他有不少作品就诞生于漫游途中。

730 年，杜甫第一次出远门，便渡过了黄河，到了郇瑕（huán xiá，位于今山西临猗），不过他只在这里停留了很短的时间，所以还算不上是漫游。

第二年，杜甫快满 20 岁了，正值古代男子成年的“弱冠之年”，他的第一次漫游也正式开始了。

那时候的唐代，老百姓不愁吃穿，过着安定的生活。文人想要出去“旅游”，也不用过于担心安全问题。不仅如此，唐代的交通还很发达，陆路、水路都很便利，沿路还有客店供人们休息，所以“漫游”时只需轻装出发。杜甫曾在诗中这样评价道：“九州道路无豺虎，远行不劳吉日出。”

当时，杜甫选择水路漫游，从洛阳出发，经广济渠、淮水、邗（hán）沟，到达江宁（今江苏南京），这也是他游江南的第一站。

年轻的杜甫根本停不下四处探索的脚步。接下来，他兴致勃勃地开启了南下的游历。置身于江南秀丽的风景中，杜甫有多兴奋，我们看看他的足迹和诗文就知道了！

在江宁，他走进瓦棺寺，尽情欣赏东晋画家顾恺（kǎi）之的《维摩诘（jié）像》。因为太喜欢这幅画，他还特地求人临摹了一幅，以便日后重温。在这里，他还和一位僧人旻（mín）上人成了

好朋友，两人志趣相投，常常一起泛舟湖上，或是谈诗，或是下棋，相处得十分惬意。

在姑苏（今江苏苏州），杜甫更是四处“打卡”，几乎走遍了当地有名的名胜古迹，还把印象深刻的地方如姑苏台、吴王阖闾（hé lǘ）墓、剑池、太伯庙等都写进了《壮游》一诗中。

饮酣视八极，俗物都茫茫。

东下姑苏台，已具浮海航。

到今有遗恨，不得穷扶桑。

王谢风流远，阖庐丘墓荒。

剑池石壁仄，长洲芰荷香。

嵯峨阊门北，清庙映回塘。

每趋吴太伯，抚事泪浪浪。

枕戈忆勾践，渡浙想秦皇。

蒸鱼闻匕首，除道哂要章。

越女天下白，鉴湖五月凉。

剡溪蕴秀异，欲罢不能忘。

归帆拂天姥，中岁贡旧乡。

……

那时候的他风华正茂，踌躇满志，甚至还打算从苏州乘船出海，去见识更加广阔的世界，可惜这个愿望最后也没能实现。

后来，他继续向东南进发，渡过钱塘江，登上西陵（位于今浙江杭州）古驿台；又前往越州（今浙江绍兴）、台州，去身临其境地感受读过的勾践卧薪尝胆、秦始皇东巡等历史事迹。

江浙一带多姿多彩的风景让他有一种进入仙境的感觉。他在《壮游》中写道："越女天下白，鉴湖五月凉。"面对着美好的大自然，他发出了由衷的赞叹："剡溪蕴秀异，欲罢不能忘。"

可惜，再美好的旅程也有终点，因为还要参加开元二十三年（735）的进士考试，杜甫恋恋不舍地告别了江南，从天姥山（位于今浙江绍兴）返程回到巩县老家。

趣味延伸

杜甫《壮游》诗中提到的勾践指的是越王勾践。春秋时期，吴王夫差率军打败了越王勾践，还把他俘虏到吴国，让他成为吴国的奴隶。三年后，勾践被释放回国，他发誓要报仇雪恨。因为害怕自己贪图安逸的生活，他便故意枕着兵器、卧在柴草上睡觉，还每天尝一尝苦胆的味道，这就是成语“卧薪尝胆”的由来。与此同时，勾践起用贤臣，积极整顿内政，加强军队建设，不断提升国家的综合实力。而吴国却放松了警惕，国力也开始走向了下坡路。最终，越国打败了吴国，吴王夫差拔剑自杀。勾践因此声威大震，成了春秋时期最后一个霸主。

才子也有过不去的“坎”

由于从小负有才名，杜甫年轻时颇有些傲气。他在《壮游》诗中自述，“往昔十四五，出游翰墨场。斯文崔魏徒，以我似班扬。七龄思即壮，开口咏凤凰。九龄书大字，有作成一囊。性豪业嗜酒，嫉恶怀刚肠。脱略小时辈，结交皆老苍”，根本没有把年龄相仿的人放在眼里，平时结交的也都是些上年纪的饱学之士。那些前辈对他也很是欣赏，这让他不禁有些飘飘然。

按理说，这样一位超凡脱俗的才子，去参加科举考试肯定会顺利通关。然而，事情的发展却让所有人感到意外，就连杜甫自己也没有想到，科举考试竟会成为他人生中一个过不去的“坎”。

735年，杜甫回到了巩县老家，打算走“乡贡”的路子参加进士考试。当时的科举考试分为制举和常举，常举每年举行，考试科目也是固定的；而制举则由皇帝下诏举行，时间和内容都不固定。杜甫要参加的就是常举考试。这类考试的应试者一般有两种来源：一种是从官办学校通过考试选拔出来的学生，也叫生徒；另一种就是乡贡，指的是由乡里保荐，再经州县甄（zhēn）选出来的人才。不管是生徒还是乡贡，都要前往京城长安，办理一系列手续后，才能参加正式的考试。

杜甫参加考试时的情况比较特殊。从 733 年起，长安一带就总是阴雨连绵，严重影响庄稼的收成。那时别说普通老百姓，就连皇亲国戚、达官贵族们吃饭都快成问题了。所以，当时的皇帝唐玄宗决定暂时搬到东都洛阳去。如此一来，洛阳就成了当时的政治中心，杜甫也就来到了这里参加考试。

人们常常会用“千军万马过独木桥”来形容当今高考的难度，而杜甫要参加的进士考试也如此一般。根据史书记载，在 735—736 年间，投考进士的有几千人，可最终录取的只有 27 人，录取率还不到百分之一！不过这还不是录取人数最少的一年，777 年，进士录取人数只有 12 人。可见，文人想要考中进士，是非常不容易的。唐代诗人孟郊一直到 46 岁才高中进士，难怪他会激动到“春风得意马蹄疾，一日看遍长安花”。

杜甫可没有孟郊这样的好运气，他自嘲诗文不合考官的“胃口”，导致“名落孙山”，哪怕他把金榜反反复复地看了又看，也没有在里面发现自己的名字。

我们可以想象当时杜甫的心情：这人生中第一次挫折肯定让他感到十分震惊，继而又会产生失望、沮丧等种种情绪……不过，年轻的杜甫并没有因此而一蹶不振，而是很快就让自己振作起来。

在洛阳休整了一段时间后，闲不住的杜甫又背起了行囊，就像我们在诗中看到的那样，他的“壮游”之路才走了一半，前方还有更美好的风景等待着他去探索呢！

趣味延伸

唐代科举考试中的会试（也叫“春闱”）流程比较复杂。考生要在十一月之前赶到京城，接受一系列的资格审查，其间要上交两个文件：一个是州府开具的推荐证明，也叫“解状”，这是参加考试的资格凭证；另一个是“家状”，上面写着自己的具体信息，包括姓名、年龄、籍贯、祖宗三代的名字等。如果考生的家族有人做官，也得报备他们的名字、官职等。这些资料递交上去后，吏部或礼部会统一审核，统一发榜，只有名字在榜上的考生，才能参加会试。

会试的考试内容包括帖经、杂文和策问等，由礼部负责组织阅卷，并公布成绩和录取名单。对于通过初试的考生，礼部会组织复试，根据考生的成绩和综合素质，确定录取名单，并报请皇帝批准。最终通过会试的考生，将参加由皇帝亲自主持的殿试。

逍遥齐赵间

736 年，杜甫开始了人生中的第二次漫游。这次他把目的地定为“齐赵”，也就是现在的山东东北部、河北南部一带。

当时，杜甫的父亲杜闲还在兖（yǎn）州（古九州之一，在今山东西部与山东、河北交界处）担任司马（古代职官，州高级官员），领着一份不错的俸禄。所以，杜甫可以尽兴地四处游历。按他自己的说法，那真是“放荡齐赵间，裘马颇清狂”！

春光明媚，杜甫登上了战国时赵王兴建的丛台（位于今河北邯郸），一边居高临下欣赏好风景，一边纵情高歌，豪情万丈；冬天，寒风凛冽，他又找到了新的玩法，那就是到齐景公狩猎过的青丘（位于今山东淄博）旁去打猎。

这次，杜甫并不是独自一人漫游，而是由“小伙伴”苏源明陪同。苏源明是京兆武功（今陕西武功）人，从小就是个孤儿，通过自己刻苦学习考中进士，入朝为官。

苏源明年轻时曾徒步 2000 多里到徐州、兖州作客居住。结识杜甫后，两人一见如故，经常一起狩猎、嬉戏，不是在树林子里放飞猎鹰、扑捉野鸟，就是在山岗上骑着马追逐野兽。

杜甫虽然是文人，却也有不错的射艺，只见他张弓搭箭，“嗖”的一声，一只鸟儿就从高空中坠落，掉在了远处。“哈哈哈，真是好身手啊！”在一旁观看的苏源明忍不住鼓起掌来。杜甫心里也美滋滋的，只觉得自己有点儿像晋朝的征南将军山简，而苏源明就像是山简的爱将葛强。他们俩看着彼此的模样，发出了爽朗的笑声，那笑声惊飞了在枝头休憩（qì）的鸟儿……

就这样，杜甫在齐赵大地度过了数年无忧的时光。其间，他并没有停止创作，留下了不少让人击节赞叹的诗篇。其中，流传最广、后人评价最高的就是那首《望岳》。

岱宗夫如何？齐鲁青未了。

造化钟神秀，阴阳割昏晓。

荡胸生层云，决眦入归鸟。

会当凌绝顶，一览众山小。

从古至今，写泰山的诗歌并不少见，但没有哪一首能像《望岳》这样写尽了泰山的气势雄浑。杜甫的这首诗用开阔的视野、多变的视角、雄浑的笔法展现出了一种舍我其谁的霸气。这样的诗歌，只能出自满怀壮志的年轻人之手，那种蓬勃向上的朝气会让人不知不觉间受到感染。

740 年前后，杜甫还创作了《房兵曹胡马》一诗，在诗中描绘了一匹骨骼清俊、奔腾如风、驰骋万里的“胡马”，“竹批双耳峻，风入四蹄轻”，表面上赞颂的是马儿的神骏和威武，实则展现了他自己的胸襟和抱负，“竹批双耳峻，风入四蹄轻”，寄托了他渴望为国立功的雄心壮志。

可惜，杜甫光芒四射的青春时代很快就要走向终结了。多年漫游，他虽然结识了不少志同道合的好朋友，却始终没能遇到赏识自己才华的“伯乐”，也无法找到事业发展的通道。随着年龄的增长，他不得不从洒脱的漫游走向复杂而真实的人生，去面对自己要背负的责任。

741年，杜甫从齐鲁回到洛阳，此时的他已经快30岁了。在古代，人们把30岁称为“而立之年”，意味着成家立业的大事需要尽快提上日程。杜甫便在洛阳东面的首阳山下修建了几间窑洞，作为自己的家，以后出现在他诗中的“尸乡土室”“土娄旧庄”等指的都是这个地方。没过多久，他娶了司农少卿杨怡的女儿杨氏。成家之后，他时而住在新家里，享受平静的新生活；时而前往洛阳，寻找新的机会。

趣味延伸

泰山位于山东省泰安市境内，海拔约1545米，面积约452平方千米。由于它坐落在平坦的华北平原上，周围没有什么别的高山，所以它的相对高度显得很高，看上去十分宏伟。

泰山自古就享有崇高的地位，从秦始皇起，历代帝王常会到泰山举行“封禅”典礼，认为这是国家鼎盛、天下太平的象征。而在五大名山即东岳泰山、西岳华山、中岳嵩山、北岳恒山、南岳衡山中，泰山虽然不是最高大、最险峻的，但因为在历史上出名最早、名声最大，因而成为当之无愧的“五岳之首”。泰山还有很多别名，像杜甫在诗中提到的“岱宗”便是其中之一，是说泰山是天下所有山脉的“宗主”。

两颗“星星”的相遇

说起唐代诗人，有两个人总是绕不过去，一个是李白，另一个就是杜甫。

这两位大诗人，一个性情狂放、不畏权贵，另一个满怀理想、忧国忧民；一个是老天爷赏饭吃的“天才型选手”，另一个却是铁杵（chǔ）磨成针式的“努力型诗人”；论诗风，两人相差甚远；比年龄，李白比杜甫大了整整11岁，按理应当是“道不同不相为谋”，可谁能想到，一次偶然的相遇居然让他们成了惺惺相惜的知己。

这事还得从 744 年说起。那一年初夏，由于不肯向权贵“摧眉折腰”，李白被排挤出了长安。他带着唐玄宗赐给他的赏金，闷闷不乐地来到了洛阳。洛阳的文人雅士热情地设宴款待他，杜甫也因此有机会结识自己倾慕已久的偶像。

此前，杜甫已熟读过李白的很多作品，内心佩服不已，一见到真人，顿时化身为“小迷弟”，崇敬之情溢于言表。李白呢，在和杜甫这个颇有才气的文坛后辈交谈之后，也是眼前一亮。可惜当时两人有各自的事情要做，不得不匆匆告别，但彼此都觉得这次会面“不过瘾”，便相约有机会一起去游山玩水。

几个月后，两人如约前往王屋山寻仙访道。当不辞辛苦来到目的地，他们才知道要寻访的道士华盖君已经仙逝，不由大失所望。

随后，他们一起结伴到梁宋（今河南商丘一带）游玩。一路上，他们不是畅谈理想，就是互评诗文，聊得好不痛快。在结伴“旅游”的过程中，他们还巧遇了诗人高适，“旅游小分队”又增加了一名成员。此后，他们开怀畅饮，纵情高歌，还登上了吹台（相传为春秋时师旷吹乐之台），遥想古人的事迹……可惜天下没有不散的筵席，三人最终依依不舍地分别了。

第二年秋天，杜甫和李白在东鲁地区（今山东）重逢。这是两人第三次相遇，彼此的感情因而更加深厚。杜甫在自己的“旅游日记”里这样写道：“醉眠秋共被，携手日同行。”他们一路携手同行，睡觉都要睡同一张床，盖同一床被。这一路上不但留下了他们的足迹，还诞生了不少经典的作品。这可是诗坛上难得一见的盛事，粉丝们纷纷奔走相告，“李杜”也成了诗歌界最耀眼的组合。

可惜，这次相遇之后，这对好友就再也没有见过面了。李白大概是对大唐统治阶级彻底死心了，不再追求仕途，而是开始“仗剑走天涯”，很少给杜甫留下音信。杜甫对李白却是日思夜想——自从在石门（今山东曲阜东北）与李白分开后，杜甫时刻关注着偶像的去向，还时不时地写首诗寄情。

杜甫到底有多思念李白呢？看他的作品就知道了：在冬天冷清的书斋里，他写了《冬日有怀李白》，感慨“寂寞书斋里，终朝独尔思”；春天天气转暖，他写下《春日忆李白》，期待“何时一樽酒，重与细论文”；外出参加宴席，看到别人饯（jiàn）别的情景，他触景生情，写下《送孔巢父谢病归游江东兼呈李白》，期待“南寻禹穴见李白，道甫问讯今何如”……还有那首脍炙人口的《饮中八仙歌》中的“天子呼来不上船，自称臣是酒中仙”，将李白那豪放不羁的性格描写得惟妙惟肖！

在深深思念的同时，杜甫也很担心李白的安危。755 年爆发的“安史之乱”打破了大唐的繁华盛景，也让很多文人遭受了冤屈和苦难，李白就是其中之一。因为“站错了队”，加入了永王李璘（lín）的幕府，李白不幸受到牵连，被抓入狱，还被判处极刑。多亏粉丝们想尽办法，才让他被改判为流放夜郎（今贵州关岭县一带）。

杜甫这时候的境况也很糟糕，但他没有心思关注自己的生活，而是被李白的遭遇愁得吃不下饭、睡不好觉。好不容易睡着了，梦里又出现了李白饱经苦难的画面，他又哭着惊醒过来，写下了

《梦李白二首》，“君今在罗网，何以有羽翼”，盼着李白能够生出羽翼，冲出困局。

不过，由于古代信息传递得太慢，杜甫又身处偏远之地，所以总是很难得到关于李白的第一手信息。759 年，李白已经被赦（shè）免并回到了江陵，杜甫对此却一无所知，他“不见李生久，佯狂真可哀”，在忧伤、焦虑中，写下了一首让人阅后落泪的《不见》。直到 762 年，杜甫才终于得知李白正在当涂（今安徽马鞍山当涂县）养病的消息，不禁又惊又喜，连忙写下一首《寄李十二白二十韵》诗寄了过去。

昔年有狂客，号尔谪仙人。

笔落惊风雨，诗成泣鬼神。

声名从此大，汩没一朝伸。

文彩承殊渥，流传必绝伦。

龙舟移棹晚，兽锦夺袍新。

白日来深殿，青云满后尘。

乞归优诏许，遇我宿心亲。

未负幽栖志，兼全宠辱身。

剧谈怜野逸，嗜酒见天真。

醉舞梁园夜，行歌泗水春。

才高心不展，道屈善无邻。

处士祢衡俊，诸生原宪贫。

稻粱求未足，薏苡谤何频。

五岭炎蒸地，三危放逐臣。

几年遭鹏鸟，独泣向麒麟。

苏武先还汉，黄公岂事秦。

楚筵辞醴日，梁狱上书辰。

已用当时法，谁将此义陈。

老吟秋月下，病起暮江滨。

莫怪恩波隔，乘槎与问津。

然而，就在这一年，李白去世了。他在临终前有没有收到杜甫的这首诗，我们已无从得知，但可以肯定的是，偶像的离去，对杜甫来说是一个难以承受的打击。

有人曾经统计，杜甫一共为李白写了 15 首诗。其中有 10 首是专门写给李白的，另外 5 首间接提到了李白。

我国近代著名文学家闻一多曾经说过：“他们（李白和杜甫）的相遇，是中国文学史上最激动人心的时刻，也许只有老子与孔子的相遇能与之媲美，仿佛太阳与月亮的相碰。”的确，李白和杜甫拥有超凡脱俗的诗才和宽广博大的胸襟，是唐代诗坛最杰出的代表，而他们那无比真挚的友情，也在文学史上留下了一段难以磨灭的诗篇。

趣味延伸

杜甫给李白写过很多诗，而李白回赠杜甫的诗歌却不多，据说只有4首。有的人因此说李白对杜甫的情感并不深，其实并不是这样的。

比如，在《沙丘城下寄杜甫》中，李白就用“思君若汶水，浩荡寄南征”的诗句表达对杜甫的思念；而在《戏赠杜甫》中，李白又用戏谑的语气调侃杜甫“借问别来太瘦生，总为从前作诗苦”，这也说明李白认为他们之间非常亲近，是可以互开玩笑的关系；而在《鲁郡东石门送杜二甫》中：“飞蓬各自远，且尽手中杯”，李白说两人就像飞蓬一样各自飘远难相见，离别之情溢于言表。

虽然李白和杜甫相聚的时间不长，但彼此心中都有一个角落属于对方，这样的友情是不会随着时光的流逝而褪色的。

长安，梦的开始与破灭

下一站，长安

当李白带着失望逐渐远离大唐政治中心的时候，杜甫却正好相反——他怀揣着一腔壮志，向着长安进发，希望能够像先祖一样，实现安邦定国、治世安民的宏伟理想。

这一年是 746 年，34 岁的杜甫正当盛年，而此时的唐王朝从表面上看仍是一派歌舞升平的景象，长安城依旧富丽堂皇，王孙贵戚依旧过着奢华的生活。这让杜甫也受到了“感染”，此时他的心情是比较乐观的，对未来还有着很多美好的憧憬。

初到长安，杜甫积极参加社会活动，想要多结交名流、增长见识，让自己的名声不断扩大，为进入仕途奠定基础。

汝阳王李琎（jìn）就是杜甫在长安结交的对象之一。李琎是唐玄宗李隆基的侄子，喜欢书法、诗歌、音乐，还酷爱饮酒，甚至有个“酿王”的雅号。他虽然是皇室中人，却没有什么傲气，喜欢结交朋友，对于有才华的文人、学者更是非常器重。杜甫来

到长安后，就常常受到李琎的款待，不是让杜甫到家中享用宴席，就是带杜甫一起外出游玩。杜甫曾把这些经历写进《赠特进汝阳王二十韵》中，对李琎大为夸赞，并把他比作礼贤下士的淮南王。

在这一年，杜甫还写下了著名的《饮中八仙歌》。

知章骑马似乘船，眼花落井水底眠。

汝阳三斗始朝天，道逢麹车口流涎，恨不移封向酒泉。

左相日兴费万钱，饮如长鲸吸百川，衔杯乐圣称避贤。

宗之潇洒美少年，举觞白眼望青天，皎如玉树临风前。

苏晋长斋绣佛前，醉中往往爱逃禅。

李白一斗诗百篇，长安市上酒家眠。

天子呼来不上船，自称臣是酒中仙。

张旭三杯草圣传，脱帽露顶王公前，挥毫落纸如云烟。

焦遂五斗方卓然，高谈雄辩惊四筵。

“八仙”指的是八位爱酒的名士，除了李白，自然少不了汝阳王李琎了。杜甫是这样描绘李琎的风采的：“汝阳三斗始朝天，道逢麹车口流涎，恨不移封向酒泉”，意思是他饮酒三斗以后才去觐（jìn）见天子，路上碰到了装载酒曲的车，又被酒味引得直流口水，恨不得把自己的封地移到水味如酒的酒泉郡。杜甫的笔法精到又不失幽默，把李琎的性格特点描绘得活灵活现。相信读到这样一首别开生面的诗后，李琎肯定会喜不自胜、赞叹不已。

杜甫还与当时的驸马郑潜耀（郑虔的侄子）相处得很愉快。郑潜耀娶了唐玄宗的女儿临晋公主为妻，在当时拥有较高的社会地位。杜甫曾经到郑潜耀的府上做客，还用一首《郑驸马宅宴洞中》描绘当时的情景："主家阴洞细烟雾，留客夏簟清琅玕。春酒杯浓琥珀薄，冰浆碗碧玛瑙寒。误疑茅堂过江麓，已入风磴霾云端。自是秦楼压郑谷，时闻杂佩声珊珊。”

这些长安名流的优待，让杜甫对自己未来的发展多了不少信心。那时的他就像蓄势待发的利箭一样，仿佛只要得到一个机会，就能离弦而出，直抵目标。

然而，让杜甫意想不到的是，长安之路并没有想象中那般平顺。在经历过短暂的惬意生活后，他被惨痛的现实和梦想破灭的痛苦几乎击垮。

趣味延伸

《饮中八仙歌》中的八位名士除了李白和李琎，还有贺知章、李适之、崔宗之、苏晋、张旭、焦遂。其中，贺知章也是唐朝著名诗人，有“四明狂客”之称；李适之曾官居左丞相；崔宗之是有名的美男子，曾做过御史，与李白、杜甫有诗文往来；苏晋从小就才华过人，官至中书舍人，崇文馆学士；张旭是著名书法家，有“草圣”之称；焦遂平时口吃，但只要斗酒下肚，便能高谈阔论，语惊四座。

是闹剧还是悲剧

在杜甫的一生中，747 年是最不堪回首的一年。这一年，唐玄宗向天下发出诏令，准许有一技之长的人到京城接受遴（lín）选，这就是我们在前面提到过的“制举”。

对于这次遴选，杜甫信心十足。他认为自己条件优越、准备得也很充分，而且皇帝亲自召集、亲自监考，考试流程必定非常公正，自己一定能够中选。

可是，唐玄宗早就不是当年那个励精图治的精明皇帝了。年过六十的他沉迷于享乐生活，没有心思关心国家大事，更不会把一次制举考试放在心上。所以，主持这次考试的任务就落到了当时的宰相李林甫身上。

李林甫是何许人也？他是唐玄宗时期在位时间最长的宰相，也是历史上有名的奸臣。他不但阴险狡诈，还妒贤嫉能，甚至在朝堂上胡作非为，把很多贤明的能臣都赶出了长安。他不喜欢有学识、有见地的文人，生怕他们会发出批评之声，危及自己的地位。

在李林甫一番“操作”下，这次大规模的招贤考试变成了一场彻底的闹剧——不但杜甫没被选中，其他应试的文人、才子也全部落榜！

面对这样的结果，李林甫不慌不忙，很快就想到了一套“糊弄”唐玄宗的说辞：天下贤才都尽入陛下彀中，民间再也没有遗留的人才了，意在吹捧唐玄宗太过圣明，早就把民间贤能的人发掘完了。令人难以想象的是，唐玄宗居然接受了这个荒谬的说法，导致像杜甫这样有才华、有志向的人才因此被埋没。

这次遴选的惨败，让杜甫既失望又伤心。失望的是统治阶级昏聩无能，重用小人，让有才之士遭到排挤和打压；伤心的是自己已经不再年轻，满腔的理想和抱负却始终得不到实现。

此后，杜甫创作的诗歌基调不再欢快、明朗，而是多了一些悲愤、感伤、无奈、愁闷的味道。就像在《奉赠鲜于京兆二十韵》中，他就愤愤不平地提起了自己的遭遇：“破胆遭前政，阴谋独秉钧。微生沾忌刻，万事益酸辛。”李林甫执政真是叫人闻之丧胆，他善于玩弄阴谋诡计，专权跋扈（hù），自己只是一介书生，遭到他的嫉妒和陷害，日子过得无比艰难、辛酸。

糟糕的事情还不止于此。此前，杜甫的父亲去世，导致他失去了经济上的支援，长安又处处都是“高消费”，杜甫的日子一天比一天难过，心情也越来越沮丧。

为了早日摆脱困境，也为了再争取一些实现理想的机会，他不得不放下身段，苦苦寻找步入仕途的门路。那么，在他身上又会发生哪些让人心酸的故事呢？

趣味延伸

我们非常熟悉的成语“口蜜腹剑”就和李林甫有关。

据《资治通鉴·唐玄宗天宝元年》记载，李林甫做宰相后，对百官中那些比自己有才能的，或是比自己功劳高的、受到唐玄宗宠信的人，都会想方设法除去。因为自己不学无术，还曾写错字闹出笑话，所以他还特别妒忌那些有才学的士人。不过，他虽然心里恨透了这些人，表面上却装出十分友好的样子，甚至还会说些动听的话来迷惑别人，然后在暗中施展阴谋诡计，陷害这些人。所以，了解他的人都说他是“口有蜜，腹有剑”，由此衍生出成语“口蜜腹剑”，指的就是口里说着好听的话，心里却想着陷害他人（的坏主意）。

心酸求官路

参加招贤考试失败后，杜甫意识到了这样的事实：在李林甫等人的把持下，科举之路短期内已经被堵死了。想要入仕，自己只能尝试一些“新模式”。

为了让达官贵人、有名望的人注意到自己，杜甫不得不暂时放下文人的傲气，写下一首首“干谒（yè）诗”。

所谓“干谒诗”，也可以理解为“推销”自己的诗歌，有点儿像今天的自荐信。唐代干谒诗成风，很多有名的诗人都写过这类诗。诗人孟浩然就写了一首《临洞庭湖赠张丞相》，这里的“张丞相”指的是曾做过宰相的张九龄，他用一句“坐观垂钓者，徒有羡鱼情”来暗示自己看着别人“垂钓”心痒难耐，渴望一显身手，希望张九龄能够帮忙引荐。

杜甫的干谒诗没有走这种“委婉暗示”的路子，而是用隐忍谦卑的语气讲述仕途失意、生活潦倒的苦况，同时陈述自己的才能和抱负，希望能够得到对方的赏识。他写给尚书省左丞韦济的《奉赠韦左丞丈二十二韵》就有这样的特点。

纨绔不饿死，儒冠多误身。
丈人试静听，贱子请具陈。
甫昔少年日，早充观国宾。
读书破万卷，下笔如有神。
赋料扬雄敌，诗看子建亲。

李邕求识面，王翰愿卜邻。

自谓颇挺出，立登要路津。

致君尧舜上，再使风俗淳。

……

一句“纨绔不饿死，儒冠多误身”就让我们听出了他心中强烈的悲愤。他想告诉韦济，自己才华横溢，能够辅佐君王，造福百姓，却屡屡遭受挫折，好像飞鸟折断翅膀从天空坠落，又像鲤鱼不能跃过龙门，如今自己困守长安，不得不讨好那些达官贵人，吃着别人的残汤剩饭……

读着这首诗，我们仿佛能够看到杜甫是如何痛苦而艰难地四处求官的。他本是一个有很强的自尊心也非常自信的人，但无情的现实却逼着他不得不低下头颅去讨好权贵，可想而知他的内心是多么煎熬。可他还是强迫自己这样做了，除了给韦济写过三首干谒诗，杜甫后来又给翰林学士张垍（jì）、谏议大夫郑审、京兆尹鲜于仲通等人写过干谒诗。然而，尽管这些人很欣赏他的才华，却都没能帮他求得一官半职。

在四处投诗的同时，杜甫还试图引起皇帝的注意。751 年正月，唐玄宗举行了祀太清宫、祀太庙、祀南郊的大型祭祀活动。杜甫抓住这个时机，一口气写成《朝献太清宫赋》《朝享太庙赋》《有事于南郊赋》三篇赋投献朝廷，这就是后人所说的“三大礼赋”。

赋是古代的一种文体，兼有诗歌和散文的特点。在两汉时期，赋非常盛行，到了唐代，更是官方使用的重要文体。杜甫不但诗写得好，作赋也是一绝，虽然留存不多，但每一篇都是难得的佳作。

“三大礼赋”从众多歌功颂德的文章中脱颖而出，唐玄宗看后龙颜大悦，马上下令让杜甫到集贤院等待宰相考核和分配工作。这个好消息让杜甫喜出望外。他觉得自己惨淡的人生终于迎来了转机。谁知这短暂的幸运只是昙花一现，虽然他顺利地通过了考核，无论是人品还是学识都得到了集贤院学士的认可，但心胸狭窄的李林甫硬是从中作梗，让他根本无法获得出人头地的机会。

最终，杜甫被通知“你的名字已经被列入候补名单了，你回去耐心地等着吧……”这样的结果，让他如何接受？他怎么也想不通，为什么偌大的朝廷，竟找不到自己的安身之处。他甚至开

始怀疑自己一直以来的理想，还自暴自弃地在诗中写道：我的儒家学术也没有发挥的机会，还不如回老家算了。

但他终究还是不愿意放弃那一丝微弱的希望，除了短暂地回洛阳小住，大多数时间，他都在长安城里苦苦等待着……

趣味延伸

唐代的集贤院也叫集贤殿书院，始建于唐代开元年间，相当于一个大型的国家图书馆，主要的职能是保存、整理、编撰、传播重要的文化典籍，后来增加了开展学术研究、举荐和选拔人才、向朝廷提出建议等功能。

在集贤院工作的官员，有一部分是专职的，也就是专门从事编撰、整理、校对典籍等工作；还有一部分是兼职的，他们同时担任其他官职，有的还是重要官职。宰相一般会兼任集贤院的主要管理工作。所以，杜甫去集贤院考核，面对的主管就是李林甫，结果可想而知。

潦倒的长安诗人

在长安奔走求官时，杜甫一直过着居无定所的生活，常常借住在客舍中。

751 年后，他在诗中才渐渐提到自己居于曲江、杜陵等城南地点，并开始自称“少陵野老”“杜陵野客”“杜陵布衣”等，说明他总算是有了定居的地方。

杜甫时时牵挂着远在洛阳的家人，考虑到妻子一个人拉扯两个孩子，实在不容易，便想方设法把妻儿接到了长安。但这样做的结果是，他的生活负担更重了，日子也更加艰难。为了贴补家用，久病成医的他当起了“江湖郎中”，在街头摆摊卖药；有的时候，他还要和普通老百姓一起去排队，才能买回来一点点限量供应的平价米。困苦的生活让他越来越接近真正的底层百姓，也让他更能理解和同情他们的痛苦。

754 年的秋天，长安的雨一直下个不停，乌云笼罩着整座古城，也重重地压在杜甫的心上。他一直没有等到获封官职的消息，虽然李林甫已死，但新宰相杨国忠也是个心术不正的人，这让杜甫看不到一点儿希望。连绵的秋雨让长安遭遇水灾，城内房屋受损、物价暴涨，很多百姓生活没有着落，可杨国忠等人却没打算想办法赈灾救难。宫中的唐玄宗都有些担心了，杨国忠就找了些完好的秋禾献给唐玄宗，将一场灾害说成无足轻重的小事，不肯向皇帝汇报真实的灾情。

天子看不到的长安城里，到处都是雨水和泥泞。地里的庄稼都沤（òu）烂了，收成化为泡影；天气也越来越冷了，人们却不得不把用来御寒的被褥都拿出去换米，好暂时填饱肚子。潮湿的天气还引发了各种疾病，杜甫本来就体弱多病，又染上了疟（nüè）疾，好不容易熬到病好，也是元气大伤，根本无力照顾家人。

在这种情况下，他只能硬下心肠把家人送到奉先（今陕西蒲城），托付给那里的亲友照顾，自己回到长安继续寻找出路。

不知从何时起，长安变成了一个巨大的囚笼，锁住了他对未来的希冀。当梦想一次又一次破灭的时候，他的内心也悄然发生着改变。仕途不再是他最为看重的东西，他开始将目光投向了身边的老百姓，关注他们的苦难，为他们发出悲鸣。

《兵车行》就是这样诞生的。那天，杜甫站在渭水河上的咸阳桥边，亲眼见证了一场生离死别的惨景：由于边将拥兵自重，动不动就发起战争，对南诏（中国古代少数民族政权）、大食（唐宋时期对阿拉伯帝国的称呼）等的战争屡屡失败，兵力损失惨重，杨国忠等人便派出爪牙到处抓壮丁送往前线。出征前，车马声响成一片，士兵的父母、妻儿都赶来送别。他们舍不得亲人离去，纷纷拦在路上，扯住士兵的衣服哭泣，那哭声简直要冲破云霄了。

因为每家每户的壮劳力都被抓走了，耕地无人开垦，大片大片的田地成了野田，长满了荆棘野草，就算有身体强壮的妇女勉强耕田，可地里的庄稼也是横七竖八，不成样子。就在这种情况下，官府仍不肯停止催租要税。

“君不见，青海头，古来白骨无人收”，杜甫用沉痛的语气写尽了穷兵黩（dú）武的做法给百姓带来的巨大灾难。此刻的他，不再只关心游山玩水、风花雪月，而是真正和百姓站在了一起。他客观真实地记录着身边发生的一切，把百姓遭受的不公正、不平等的待遇都写在了诗里。

不仅如此，在长安经历的种种磨难也让他逐渐放弃了对统治阶级的幻想。他的笔下，出现了对贵族、统治阶级讽刺和揭露的作品，《丽人行》就是一个典型的代表。

三月三日天气新，长安水边多丽人。
态浓意远淑且真，肌理细腻骨肉匀。
绣罗衣裳照暮春，蹙金孔雀银麒麟。
头上何所有？翠微㔩叶垂鬓唇。
背后何所见？珠压腰衱稳称身。
就中云幕椒房亲，赐名大国虢与秦。
紫驼之峰出翠釜，水精之盘行素鳞。
犀箸厌饫久未下，鸾刀缕切空纷纶。
黄门飞鞚不动尘，御厨络绎送八珍。
箫鼓哀吟感鬼神，宾从杂遝实要津。

后来鞍马何逡巡，当轩下马入锦茵。

杨花雪落覆白蘋，青鸟飞去衔红巾。

炙手可热势绝伦，慎莫近前丞相嗔！

当百姓遭遇苦难，生活无比艰辛的时候，杨国忠兄妹却在曲江边踏青游玩，他们穿的是绫罗绸缎，戴的是珠宝首饰；他们吃着山珍海味，欣赏着笙箫鼓乐；他们的样子是那么不可一世……

在这首诗里，杜甫没有直白地表露自己的态度，只是极力铺陈杨氏兄妹奢靡的生活、骄纵的姿态，却达到了讽刺和鞭挞的目

的，同时也间接地提出了自己的疑问：这样的贵族阶级会关心人民的命运吗？这样的统治者能治理好国家吗？唐王朝的未来又会走向何方？

趣味延伸

《丽人行》中，杜甫讽刺的对象是杨氏兄妹，其中核心人物是备受唐玄宗宠爱的贵妃杨玉环。由于她喜欢吃荔枝，唐玄宗便命人从南方快马加鞭把新采摘的荔枝送到长安，为此不惜劳民伤财，诗人杜牧还曾写下“一骑红尘妃子笑，无人知是荔枝来”的诗句讽刺这件事。

由于杨玉环受宠，她的父母、叔父、姐妹都得到了封赏，其中大姐被封为韩国夫人，三姐被封为虢国夫人，八姐被封为秦国夫人，也就是杜甫在诗中提到的“就中云幕椒房亲，赐名大国虢与秦”。杨玉环的族兄杨国忠也因此得到了重用，一步步爬上了宰相的位置。这些人联合在一起，形成了一个特殊的利益集团，也是后来酿成“安史之乱”的一个主要原因。

不为小官折腰

在杜甫的思想发生重要转变的时候，命运又跟他开了个玩笑。

755 年，44 岁的杜甫突然收到了一份“入职通知”，可是看到上面的官职后，杜甫却怎么都高兴不起来。

原来，他被任命为“河西县尉”，这里所说的“河西”位于今陕西省渭南市合阳县附近，在当时属偏僻地带。在唐代的县政府中，最高领导是县令，其下还有县丞、主簿，这些职位的品阶都比县尉要高。县尉一般负责判案、催收赋税等杂务，属从九品，没有什么地位，事务却很烦琐。

对于在长安困守多年的杜甫来说，能够有为官的机会已经很不容易了。但他坚决地拒绝了这个职位。当然，他不是因为官职太小不屑于接受，而是因为不愿意做《兵车行》中提到的催租要税的“帮凶”，昧着良心欺压百姓。

无独有偶，杜甫的好友高适也曾被任命为封丘（今河南新乡东南）县尉。走马上任后，他却发现这份工作根本就不适合自己。他过惯了自由的生活，可做县尉却要日日拜迎上级，卑躬屈膝，让他感到十分憋屈；而且上级还经常让他去做一些欺压老百姓的事情，更是让他痛恨不已。在忍受了三年之后，他毅然辞官了，还说自己宁可回去种田，也不要再做县尉了。

在杜甫和高适身上，我们可以看到唐代文人的风骨：他们宁可坚守贫穷，也不愿意为小官折腰，做“鞭挞（tà）人民”的不义之徒。

不过，在杜甫拒绝河西县尉之后，朝廷又给了他一个选择——右卫率府胄（zhòu）曹参军。这个职位虽然听上去有点儿神气，但其实只相当于兵器仓库的保管员，品级也很低，只有正八品下。这一次杜甫决定接受，因为这是一个闲职，只需要管理好门禁钥匙，不需要折腰奔走，也不用参与一些违背道义的事情。虽然俸禄微薄，但也能让他稍微减轻一些生活的压力。

就这样，杜甫历尽波折，终于走上了仕途。他心中百感交集，写成《官定后戏赠》一诗：

不作河西尉，凄凉为折腰。

老夫怕趋走，率府且逍遥。

耽酒须微禄，狂歌托圣朝。

故山归兴尽，回首向风飙。

“官定”这件事并没有让他感受到快乐和荣耀，仅凭这样的闲职，他也不可能实现自己崇高的理想。对此，他很无奈，也很苦恼，却没办法改变现状，只能用酒来麻醉自己，然后放声高歌，“感谢”让自己落得如此境地的朝廷。

朝政腐败，节度使在边疆虎视眈眈，加上自然灾害不断，人民怨声载道……曾经强盛的唐王朝已经开始风雨飘摇，战争的阴

云悄然笼罩大地，杜甫萌生了效法晋代的陶渊明归隐田园的念头，可却找不到一片可以容身的安宁乐土。

趣味延伸

在唐王朝由盛转衰这件事上，节度使扮演了非常重要的角色。

由于唐王朝领土辽阔，为了加强边疆管理，就设立了节度使这样的官职，让他们驻守边疆，负责管理当地的军事、行政、财政事务等。

唐代早期的节度使一般是文官，任期（一般是三年）满后就会回京担任高官。而李林甫担心这样会威胁自己的地位，便重用武将如安禄山、哥舒翰等去担任节度使，让他们招募士兵、组织军队。可这样一来，节度使拥有的权力就会越来越大。有些节度使不愿听从朝廷的命令，便割据一方，自己做起了“土皇帝”，给国家的统一和稳定造成了极大的威胁。

凄凉之外更凄凉

杜甫接受官职后，困窘的生活算是有了着落，便决定到奉先去探望妻儿。但他无论如何也没有想到，这次探亲之旅竟会是那么痛苦。

755 年十一月，在一个寒风怒吼的夜晚，杜甫独自从长安出发了。他满身寒霜，冻得瑟瑟发抖，偏偏衣带又断了，想要系上它，可冻得僵硬的手指怎么都使不上劲儿。他只能叹一口气，忍着寒冷继续赶路。

天刚蒙蒙亮的时候，他走到了骊（lí）山脚下。此时，他想起唐玄宗此刻正和杨贵妃等人在华清宫里寻欢作乐，那里温泉暖气蒸腾，乐声响彻天宇。皇帝把珍贵的绸帛（bó）随意赏赐给在座的达官贵人，而这些绸帛却来自贫寒妇女的艰苦劳动，这是多么讽刺啊！

想到这里，杜甫不禁苦笑起来：皇帝赏赐群臣，还指望他们感恩，回报朝廷和百姓，可朝堂上的那些“英才”却对百姓的遭遇没有半分的怜悯之心。特别是那位贪婪的“国舅爷”（杨国忠），更是把皇宫内的金玉宝器都悄悄转移到自己家里。他家的奢靡程度简直让人心惊——给客人保暖用的都是貂鼠皮袄，待客吃的是驼蹄羹汤、香橙、金橘等老百姓想都不敢想的食物。

此刻的骊山在杜甫眼中，成了一道人间的分界线：山上是极乐的仙境，山下却充满了难以想象的贫困和痛苦。

那一天，他历经艰辛，终于赶到了奉先。到家前的路上，他的脑海中浮现的是和家人相拥、诉说思念的画面。可到家后，迎接他的却是一片痛苦的号哭声。他怔怔地推门进去，才知道心爱的小儿子竟被活活饿死了！

这突如其来的噩耗让他整个人都呆住了。他是多么惭愧啊！身为一个父亲，却不能养活自己的孩子。可他又想不通怎会发生这样的事情，要知道，这一年的收成还算不错，而他好歹也算是有官职在身，不用服兵役，也不用交租纳税，谁承想家人却还是吃不饱饭。那些失去土地的百姓，那些驻守边境的士兵，他们的日子又当如何……杜甫心痛难忍，只觉得巨大的悲痛像山一样向他猛地压了过来，将他彻底压倒。

如此不公平的现实，让他悲愤满胸，完全说不出话来，只能将所有的情绪都写进那首《自京赴奉先县咏怀五百字》中。

这首博大浩瀚的鸿篇巨制，也将他和同时代的诗人拉开了距离——他的情怀深沉高远，就如诗句中描写的那样，“葵藿倾太阳，物性固难夺”，他就像是追逐太阳的向日葵和豆叶，一年到头都在为老百姓担忧，心如火焚。哪怕遭逢“入门闻号咷，幼子饥已卒”的巨大哀痛，他想到却是“抚迹犹酸辛，平人固骚屑”。其中，那句“ 朱门酒肉臭，路有冻死骨 ”更是振聋发聩，成为千古绝唱。

值得一提的是，在这首诗中，杜甫也表达出对于大乱将至的忧虑。他不知道的是，就在他冒着严寒经过骊山的时候，安禄山已经在范阳（今北京附近）蠢蠢欲动。

一场巨大的动乱即将开启，所有人都无法独善其身。杜甫就像乘上了汪洋之中的一条小船，被巨浪裹挟着，不知会被推向何处……

趣味延伸

华清宫位于陕西省西安市，是我国历史上著名的皇家园林。华清宫历史悠久，最早可以追溯到公元前11世纪的西周时期。到了唐代，这里修建了很多宫苑，最开始叫“汤泉宫”。唐玄宗时进行了扩建，改名华清宫。因为里面供人沐浴的温泉汤池众多，所以也叫“华清池”。

为了让自己能够舒服地享乐，唐玄宗把华清宫和骊山北坡的苑林区结合，形成了“北宫南苑”格局的离宫御苑。他长期居住在这里，不但可以接见大臣、贵族，还能参与马球比赛，观看兵阵演练，更可以欣赏花卉果木和自然景观，生活十分惬意。可他把时间都用在享乐上，逐渐荒废了朝政，还任用了一批奸臣，让安禄山等人抓住了可乘之机，发动了叛乱，让大唐渐渐走向衰落。

盛世的终点

755 年十一月，安禄山在范阳起兵，拉开了“安史之乱”的序幕。从 755 年一直持续到 763 年，这场长达 7 年多的战乱，把唐王朝拖向了衰败的深渊。

那么，安禄山到底是一个什么样的人？他为什么会发起这场动乱呢？

让我们把时间拨回到 742 年。这一年，安禄山被提拔为平卢节度使，不久兼领范阳、河东节度使，可谓威风八面。

安禄山是个混血胡人，长相丑陋，身材肥胖，看上去甚至有些笨拙。不了解他的人会觉得他憨厚老实，可实际上，他非常狡诈，又精通人情世故，尤其擅长讨好唐玄宗。有一次，他当着唐玄宗的面故意不拜太子。唐玄宗觉得奇怪，问他为什么要这么做，他就装出一副忠心耿耿的样子，说自己“只知道陛下，不知道太子”，把唐玄宗哄得开怀大笑。

安禄山知道唐玄宗非常宠爱杨贵妃，便格外讨好贵妃，哪怕贵妃比他小十多岁，都甘心给贵妃当义子。每次入宫，他故意先拜见贵妃再拜见玄宗，说这是因为“我们胡人讲究先母后父”，这也让唐玄宗、杨贵妃更加喜欢他了。

有了唐玄宗的宠幸，又得到了宰相李林甫的提携，安禄山一

路升迁，直至成为三镇节度使，手中掌管了大量的军队，这也增长了他的野心。李林甫病死后，安禄山的仕途就没有那么顺利了，掌权的杨国忠还把他当成了“眼中钉”，总想除掉他。

因不时受到杨国忠的挑衅（xìn），又考虑到唐玄宗年事已高，一旦驾崩，自己不但地位不保，还会有杀身之祸。于是，安禄山开始暗中招兵买马，准备谋反。755 年，他打着讨伐杨国忠的旗号，正式起兵了！

安禄山的叛乱其实早就在杜甫的意料之中。当时消息还没传到长安，杜甫已经写下了组诗《后出塞五首》，揭示了这场战乱的

根源。

我本良家子，出师亦多门。
将骄益愁思，身贵不足论。
跃马二十年，恐辜明主恩。
坐见幽州骑，长驱河洛昏。
中夜间道归，故里但空村。
恶名幸脱免，穷老无儿孙。

在这首诗中，杜甫借着一名从叛军中脱身逃归的士兵之口，表达了自己对时局的看法：士兵看透了主将的野心，眼看着主将起兵，朝廷却几乎没有防守之力……事情的发展确实如此，由于安禄山率领的是精锐部队，作战经验丰富，所到之处，朝廷的守军无力抵抗，节节败退。安禄山得以顺利推进，从河北一直打到河南。

安禄山的突然反叛，让唐玄宗措手不及。他命高仙芝、封常清等将领临时招募兵马，阻挡叛军的进攻。但匆匆组建的军队根本不是叛军的对手，在连续多次失败后，唐玄宗只能放弃东都洛阳，退守潼（tóng）关（今陕西渭南）。

潼关是关中地区的“东大门”，地势险要，易守难攻，因此一度将安禄山的军队阻拦在关外。安禄山没有继续强攻，而是回到洛阳，筹备起了登基做皇帝的事宜。756 年正月，安禄山自称大燕皇帝，还任命了一批文武大臣，建立起了自己的小朝廷。

此时，杜甫又在做些什么呢？756 年二月，杜甫放不下自己在长安的“工作”，告别了家人，从奉先返回了长安。然而，他很快就意识到这个决定是错误且危险的，因为安禄山又开始调兵遣将，加强对潼关的攻势。作为通向长安的最后一道防线，潼关一旦失守，长安城将危在旦夕。

战争的脚步越来越近，长安城里到处弥漫着紧张的气氛，老

百姓议论纷纷，让人胆战心惊的谣言纷纷四起。杜甫也越发地不安起来，他实在担心家人的安全，便在四月离开了长安，再次赶往奉先。他不知道的是，此时距离长安城沦陷已经不远了！

趣味延伸

这场大乱的发起者是安禄山，那么为什么会叫“安史之乱”而不是“安禄山之乱”呢？

原来，安禄山有一个同乡兼好友史思明，两人关系亲密。在安禄山步步高升时，史思明也跟着飞黄腾达，成为手握重兵的封疆大吏。

安禄山反叛唐王朝，史思明追随其后。前期，史思明并没有安禄山这么出名。但是在757年，安禄山被自己的儿子安庆绪所杀后，史思明便又设计杀掉了安庆绪，自己当上了大燕的皇帝，成了这场大动乱的“二号人物”，所以这场动乱才会被称为“安史之乱”——其中“安”指的是安禄山，“史”自然就是史思明了。不过到了761年，史思明也因为残忍嗜杀，被自己的儿子史朝义联合手下的部将杀死了。

乱世浮沉，路在何方

惊险的逃亡之旅

“安史之乱”爆发后，官军在叛军强大的攻势下，溃不成军，只能选择退守潼关。在当时严峻的形势下，这算是一个正确的选择，也为官军赢得了一丝喘息的机会。然而，唐玄宗却在此时听信谗言，处决了高仙芝、封常清等忠勇之臣，起用疾病缠身的老将哥舒翰镇守潼关。

在这个时候，杜甫已经领着家人从奉先转移到了白水（今陕西白水县），寄住在舅父崔顼家中。他一直关心着战场变化，听闻哥舒翰出马，还是比较乐观的。可事情接下来的发展却让他大失所望：哥舒翰一直坚守潼关不出，叛军久攻不下，就采取了诱敌出战的招数，但哥舒翰还是不为所动，杨国忠便向唐玄宗进谗言，

说哥舒翰这样做会失去反攻的时机。唐玄宗听信杨国忠的话，催促哥舒翰出关迎敌，哥舒翰不敢违抗，只能硬着头皮照做。

公元 756 年六月，哥舒翰所率官军与叛军在灵宝西原（今河南灵宝市西北）展开激战，结果全军覆没，潼关失守，长安失去了最后一道防线，情势十分危急。

官军大败后，哥舒翰被手下绑着，投降了安禄山，附近各州负责防守的官员、守军也都纷纷逃走。杜甫所在的白水也不安全了，他们一家人只得跟着难民慌乱逃窜。当时所有人都处于极度的恐慌之中，逃亡的路上一片混乱，杜甫一不小心和家人走散了，还陷入了蓬蒿丛里无法脱身。幸好他的表侄王砅（lì）发现他不见了，赶紧催马掉头，一边喊着他的名字，一边仔细搜寻，才把他给解救了出来。王砅见他行动不便，就把马让给他，自己牵着缰绳在旁护卫，才终于让他安全地回到了家人身边。

然而，这还不算是杜甫逃难路上最惊险的事情。与家人会合后，杜甫便同家人向着彭衙（今陕西白水县东北，即现在的彭衙堡）方向行进。当时，他们没有任何交通工具，不得不徒步行走在荒郊野外。为了躲避叛军的追捕，他们夜深了也不敢休息，只能借着月色继续赶路。在这窘迫的时刻，天又下起了暴雨，道路变得泥泞难行，没有雨具的他们，身上的衣服都被打湿，贴在身上，难受极了。

最糟糕的是没有食物。大人还可以勉强忍住饥饿，孩子却已经撑不住了，杜甫的小女儿饿得受不了，竟然哭着咬父亲。杜甫怕她大哭招来山野里的猛兽，便只能捂住她的嘴，可她却哭得更厉害了……

一家人就这样苦苦地熬着，路上偶尔摘些野果充饥，然后在大树底下稍微休息一下就继续出发。终于，他们赶到了鄜（fū）州（今陕西富县）附近的同家洼（一说周家洼），受到了当地一位叫孙宰的朋友的热情款待，吃上了热气腾腾的食物，还能用热水烫烫脚解乏。这对于杜甫一家人来说是一种怎样的惊喜啊！杜甫曾在《彭衙行》中不吝笔墨回忆这件事，表达了对孙宰的感谢。

故人有孙宰，高义薄曾云。

延客已曛黑，张灯启重门。

暖汤濯我足，翦纸招我魂。

从此出妻孥，相视涕阑干。

众雏烂熳睡，唤起沾盘飧。

誓将与夫子，永结为弟昆。

遂空所坐堂，安居奉我欢。

谁肯艰难际，豁达露心肝。

别来岁月周，胡羯仍构患。

何当有翅翎，飞去堕尔前。

就在杜甫一家奔波逃亡之时，长安城的苦难也拉开了序幕。六月十三日，唐玄宗眼看形势不妙，赶紧带着杨贵妃、杨国忠等人悄悄地逃出了长安，准备逃到蜀地去。几天后，长安城沦陷，百姓陷入了无边战火的凌虐中！

出逃的唐玄宗并没有意识到，当时护送他的六军将士怒火已经达到了顶峰。在马嵬驿，一场兵变无可避免地爆发了，奸相杨国忠被将士当场杀死，唐玄宗不得不赐死杨贵妃，来平息将士的愤怒。七月，太子李亨在灵武（今宁夏灵武县）即位，即唐肃宗。唐玄宗被迫退位，成为太上皇。

这一系列惊心动魄的消息传到杜甫耳中时，他已经告别了孙宰，把家人暂时安顿在了鄜州城北的羌村。本来对未来一片迷茫的杜甫，得知新帝即位后觉得全身都充满了力量，恨不得立刻赶到灵武，去为国家尽一份力量。

可是，从他所在的地方到灵武将近千里，沿路又有叛军滋扰，出行异常艰难，但杜甫还是义无反顾地出发了。那么，他能够顺利地到达灵武吗？

趣味延伸

马嵬驿也叫马嵬坡，在今天陕西省兴平市西北部。因为杨贵妃在这里死去，使得这里因此得名。

距离马嵬坡不远的地方还有一座黄山宫，是道教圣地，距今有两千多年的历史。据说，唐玄宗成为太上皇，从四川返回长安时，还到黄山宫凭吊杨贵妃。当时有随从献给唐玄宗一根槐枝当拐杖，唐玄宗便把槐枝种在马嵬坡上，赐名“太上槐”，后来槐枝长成了一株槐树，现在成为县级保护文物。

身陷叛军中

杜甫怀着满腔斗志，离开了家人，按照自己规划的一条比较安全的路线出发了。他先北上过延州（今陕西延安），出芦子关（今陕西横山区附近），再到灵武。但叛军扩张的速度远远超出了他的预估。所以，他出发没多久，就被叛军发现并抓获了。

庆幸的是，杜甫并没有得到叛军的“重视”。当时家境贫寒的他，衣着打扮和平民老百姓差不多，加上平时又操劳过度，身体虚弱，脸色也很憔悴，还顶着一头白发。叛军根本就没把他这个微不足道的小官当回事。

随后，杜甫被押送到了已经被叛军占领的长安。在这里，他也没有被严格地看管起来，更没有像其他高位的官员那样被送往安禄山所在的洛阳。少许的行动自由，给了他近距离观察长安城的机会，也给他提供了很多创作的“素材”。

这个时候的长安已经不复鼎盛辉煌的模样。当孤独地徘徊在街头的时候，杜甫看到的只有被焚烧的只剩下瓦砾（lì）的宫室，被叛军抢掠一空的店铺和民宅，以及一摊摊触目惊心的血迹。唐玄宗不负责任地抛弃长安后，叛军在这里大肆杀戮，没来得及逃跑的贵族、官员们大都成了牺牲品。即使是侥幸逃脱的贵族也只能悄悄地藏在某个角落，生怕被叛军发现。

有一天，杜甫在街上游荡时遇到了一个可怜的少年，他为了躲避屠杀，不惜钻进荆棘丛，弄得身上全是裂痕和伤疤。叛军走后，他茫然地站在路边，不知道该怎么办。杜甫上前询问，他怎么都不肯说出自己的姓名，只说自己生活困苦，希望能有人收他做个奴仆。杜甫观察他的相貌，注意到他鼻梁高直，腰间还佩戴着贵重的玉玦（jué）和珊瑚，猜测他应该是位王室子弟。杜甫虽然同情他的遭遇，却没有办法帮助他，只能劝他多多保重，然后就匆匆与他分别了。

杜甫为此难过了很久，还写下了《哀王孙》一诗。

长安城头头白乌，夜飞延秋门上呼。

又向人家啄大屋，屋底达官走避胡。

金鞭断折九马死，骨肉不得同驰驱。

腰下宝玦青珊瑚，可怜王孙泣路隅。

问之不肯道姓名，但道困苦乞为奴。

已经百日窜荆棘，身上无有完肌肤。

……

不久，长安附近的豪杰自发组织反抗队伍，和叛军打起了“游击战”，还与官军互相接应，牵制叛军的作乱。情况好的时候，他们甚至让叛军往北打不到云阳（今陕西泾阳县北部），往南打不到武关（今陕西省丹凤县东南），往西打不到武功（今陕西咸阳境内）。而南方的物资终于也可以借着这个机会运到灵武，为唐肃宗解了燃眉之急。

与此同时，大将郭子仪、李光弼在后方牵制叛军，也取得了一定的成效。河北的不少郡县被收复，官军回到灵武，让灵武的军事实力得到了增强。唐肃宗因此信心大增，派遣宰相房琯率军收复长安和洛阳。然而，房琯的战术并不高明，他将军队分成三路攻打长安。756 年十月，其中两路军队与叛军在咸阳东的陈陶斜激战，房琯搬出古兵书上的车战法，叛军击鼓迎战，官军大败，四万人的军队几乎全军覆没。仅仅两天后，第三路军队在青坂（今陕西咸阳东门外）败于叛军！

这个消息传到长安，不难想象杜甫和长安百姓是多么失望。更让他们无法接受的是，叛军凯旋，居然在长安的街上一边喝酒，一边高歌。杜甫按捺不住心中的悲愤，挥笔写下《悲青坂》这首诗。

我军青坂在东门，天寒饮马太白窟。
黄头奚儿日向西，数骑弯弓敢驰突。
山雪河冰野萧瑟，青是烽烟白人骨。
焉得附书与我军，忍待明年莫仓卒。

在诗中，杜甫既对叛军的残暴和嚣张表示了强烈的愤慨，又对官军的牺牲表达了无比的悲痛。他每时每刻都盼着官军能够顺利收复长安，可他又担心官军缺乏足够的准备遭遇惨败。他不知道该怎么转呈自己的建议，便只能在诗中这样写道：“该怎么样才能给我军捎个信啊，我想告诉他们不要急躁，坚守到时机成熟之后，再和叛军决战！”

趣味延伸

在古代战争中，车战历史悠久，最早可以追溯到夏朝，考古学家曾在夏代的古城遗迹中发现过兵车的车轮留下的痕迹。先秦的文献中也提到过，夏末商汤讨伐夏桀的时候，双方都用到了战车。到了商朝末年，在周武王讨伐商纣王的牧野之战中，战车的出镜率就更高了。而在春秋时期，人们还会用一国拥有的战车数量来衡量其军事实力。

不过，随着战争从野外战转向要塞战、攻城战，情况就发生了变化。因为战场狭小、地形多变，兵车难以发挥优势，所以车战逐渐衰落，步兵则因为机动灵活，重要性大幅提升。而在唐代，房琯率兵与叛军激战于陈陶斜时，错误地采用了过时的车战战法——官军驱使了两千辆牛车居中作战，两侧布置骑兵与步兵，叛军先是制造噪声惊动牛群，导致官军阵容大乱，接着叛军又顺势采用火攻的招数，使得官军损失惨重。

国破山河在

当年，为了求取功名，杜甫曾在长安困居十年。没想到，如今的他又被叛军困在了这座四四方方的城里，这让他的内心备受煎熬。

眼看着中秋节来到，一轮圆月当空，他情不自禁地想起远方的亲人：“这个时候我的妻子是不是正在窗前看着月亮，思念着身在长安的我呢？还有我那幼

小的儿女，是不是不明白妈妈为什么会这样痴痴地看着月亮？”他长叹一声，把情感都融入《月夜》一诗中。

今夜鄜州月，闺中只独看。
遥怜小儿女，未解忆长安。
香雾云鬟湿，清辉玉臂寒。
何时倚虚幌，双照泪痕干。

可是，从秋天到冬天，又到新一年的春天，杜甫都没有找到逃脱的办法，心情也越来越沉郁。

由于战乱频频，很多消息都无法及时送达，杜甫迫切想要知道家人是否平安，但得到的只是只言片语，可这对他来说也是莫大的安慰了。那时候，杜甫嫁给韦氏的妹妹，被人接到了比较安全的钟离郡（今安徽凤阳附近）。而杜甫的弟弟就没有这么幸运了，他逃到了千里之外，寄住在平阴县（今山东西部）一个荒僻的小村子里，生活也很窘迫。战火不断，杜甫不知道自己还有没有机会再和弟弟见面。他更担心一直滞留在鄜州的妻儿，因为他很久都没有收到妻子的家书了，真担心他们会遇到什么危险。

这天，杜甫带着伤感、郁闷的心情，独自游荡在长安城中。他看到城中满目疮痍（yí），到处都是残垣断壁。虽然已经是暮春时节，长安城却没有一点儿春天应有的勃勃生机。哪怕面对盛开的繁花，也会想要落泪；哪怕听到清脆的鸟鸣，也会增加与亲人离散的愁绪。

在这种情况下，杜甫写下了这首我们非常熟悉的《春望》。那句“国破山河在，城春草木深”，把我们一下子带入一个让人绝望的世界。同时，这首诗也让我们看到了杜甫思想的高度，他早已深刻地认识到了这样的事实：个人的安全、家庭的幸福需要有一个坚实的基础，那就是国家的稳定。倘若国家动荡不安，个人的安全、家庭的幸福都无从谈起。

在这段时间，杜甫还留下了很多杰出的诗作，《哀江头》就是其中之一。

少陵野老吞声哭，春日潜行曲江曲。
江头宫殿锁千门，细柳新蒲为谁绿？
忆昔霓旌下南苑，苑中万物生颜色。
昭阳殿里第一人，同辇随君侍君侧。
辇前才人带弓箭，白马嚼啮黄金勒。
翻身向天仰射云，一笑正坠双飞翼。

明眸皓齿今何在？血污游魂归不得。

清渭东流剑阁深，去住彼此无消息。

人生有情泪沾臆，江水江花岂终极！

黄昏胡骑尘满城，欲往城南望城北。

在写诗前，他偷偷来到长安城东南的曲江，回想当年这里的繁华景象，再对比眼前的萧条画面，不由得连连叹息。

曾几何时，曲江是皇家贵族、官员士绅的游览胜地，唐玄宗和杨贵妃就曾在这里游玩，杜甫亲眼看见那彩旗飘飘的仪仗队伍是多么招摇，随行的女官都带着弓箭，就连白马套着的嚼子也是用黄金做的……可如今那明眸皓（hào）齿的杨贵妃又去了哪里呢？杜甫沉痛地哀叹道："她早就成了游魂野鬼，再也回不来了！"

还记得在《丽人行》中，杜甫隐晦地讽刺过杨氏姐妹，可看到杨贵妃如今的遭遇，善良的他产生了一些同情、怜悯的心情。当然，更让他难以接受的是国势的衰微、百姓的苦难，他绝望地想：大唐盛世恐怕再也回不来了！这首《哀江头》便是自己献给大唐的一首挽歌！

趣味延伸

古代交通不便，人们想要传递信息，采用的方法有哪些呢？

官府的文书和军情等可以通过驿站来传递，在送信的大道上，每隔一定的距离都会设有驿站，备有马匹，在送信过程中可以在驿站换马换人。

那么，普通老百姓如何通信呢？我们可能听说过“飞鸽传书”，就是用训练过的鸽子传递信息，不过这种方法很不稳妥，容易把信寄丢，所以使用得并不广泛。古人更多的还是用口信、家书的形式传递信息。比如，有朋友去外地赶考，或是出差、就职、经商等，就可以帮忙捎个口信，唐代诗人王昌龄曾在诗中说到“洛阳亲友如相问，一片冰心在玉壶”，就是让朋友辛渐帮忙捎口信给亲友。当然，古代也有付费带信的服务，但价格并不便宜，要是遇到了战争、自然灾害等，家书就更是珍贵难得了，所以杜甫才会发出“家书抵万金”的感慨。

为了理想而前进

人们常说，天无绝人之路。哪怕一个人已经身陷绝境，往往也能意外地发现生路或找到摆脱困境的办法。

这不，杜甫期待已久的转机终于来到了。757 年正月，发生了一件让所有人都意想不到的事情，安禄山竟然被自己的儿子安庆绪伙同宦官李猪儿等人杀死了。糊涂昏庸的安庆绪登上帝位后，属下多有不服，安氏政权陷入了混乱的局面。一些之前被押送到洛阳的官吏趁机偷偷逃回长安，杜甫的好友郑虔就是其中之一。杜甫有幸和他见了一面，两人一起喝酒，互相倾诉各自的遭遇，彼此都是感慨万千。

郑虔被叛军俘虏后，虽被授予了官职，但他身在敌营，心系大唐，不但借口生病不就职，还偷偷地给唐肃宗写过奏章。杜甫很理解老朋友的心情，曾经写诗把郑虔比喻成像苏武一样忠心爱国的名臣。其实，当时像郑虔这样被迫接受叛军官职的文人并不少，著名诗人王维也有类似的经历，而他忠心不改，还曾经在安禄山大摆筵席时写诗讽刺，体现了唐代文人不畏强权的节操。

这年二月，唐肃宗方面也进行了战略调整，大本营转移到了凤翔（隶属今陕西宝鸡），距离长安更近了。这让杜甫和长安百姓看到了希望，也坚定了杜甫逃离长安的决心。

为此，杜甫特地察看了地形，寻找好了路线。为了不让叛军起疑，他还佯装到寺庙里住了几天。

四月的一天早上，晨雾弥漫，杜甫认为这是个出逃的好机会。他小心翼翼地从长安西面的金光门出发，向着凤翔的方向一路飞奔而去。

杜甫的出逃堪称“壮举”。因为当时有一股叛军和郭子仪率领的官军正在长安西边交战，杜甫想要去凤翔，就不得不穿过前线，稍有疏忽都会付出生命的代价。即便这样，杜甫也没有放弃。他谨慎地挑选山林中崎岖的小路，哪怕衣袖被树枝刮破，麻鞋被石子磨烂，甚至一不小心就会掉下山崖，他也不愿停下脚步。

不知过了多久，就在他筋疲力尽，快要倒地不起的时候，杜甫突然眼前一亮。原来，他已经接近了凤翔附近的太白山，那山

顶常年积雪，在阳光照耀下反射出光芒，仿佛是在告诉他：杜甫，你成功了！

杜甫刚到凤翔的时候，有认识的人看到他都不敢相认，因为他不但苍老了很多，还非常瘦弱，样子和以前大有不同。等了解到他艰苦逃离贼营的经过后，大家都赞叹不已，十分佩服他的决心和勇气。

杜甫终于有机会面见唐肃宗了。他来不及换衣服，穿着破麻鞋就去见天子。破旧的衣袖掩盖不住两肘，这副样子让唐肃宗看后产生了怜悯之情，加上欣赏他的忠诚和毅力，便授予他左拾遗的职位。虽然这个官职并不高，但可以经常在皇帝身边侍奉，还能向皇帝进谏。这是杜甫距离实现理想最近的一次。

虽然这时杜甫很想去鄜州看看久别的妻儿，但新官上任，他深感责任重大，不可轻易离开，便只能先托人带家书去探问情况。然而家书寄出后，他又患得患失起来，因为他听说家乡一带出现了叛军，毫无人性的叛军大肆杀戮，甚至连平民家里的鸡和狗都不肯放过。杜甫既害怕收不到家人的回信，又怕收到坏消息，整天悬着一颗心，迟迟不能放下。

杜甫将自己复杂的感受写进了《述怀》一诗中。

去年潼关破，妻子隔绝久；
今夏草木长，脱身得西走。
麻鞋见天子，衣袖露两肘。
朝廷愍生还，亲故伤老丑。
涕泪授拾遗，流离主恩厚；
柴门虽得去，未忍即开口。
寄书问三川，不知家在否。
比闻同罹祸，杀戮到鸡狗。
山中漏茅屋，谁复依牖户？
摧颓苍松根，地冷骨未朽。

几人全性命？尽室岂相偶？
嵚岑猛虎场，郁结回我首。
自寄一封书，今已十月后。
反畏消息来，寸心亦何有？
汉运初中兴，生平老耽酒。
沉思欢会处，恐作穷独叟。

在诗的最后他甚至做了最坏的设想，担心在将来动乱平定后，人们欢聚庆祝胜利的时候，自己却孑（jié）然一身，孤独终老。无比沉痛的诗句让人深受触动，更让人为他不幸的命运流下热泪。

趣味延伸

太白山位于陕西省三县的交汇处（分别是宝鸡市眉县、太白县和西安市周至县），是我国南北分水岭——秦岭山脉的主峰，海拔3 700多米，拥有我国东部“第一高峰”的美名。

因为山势高峻，山顶气候寒冷，冰雪终年不化。因此，哪怕是在炎热的三伏天，太白山顶也是白雪皑皑，银光四射，看上去十分壮观。人们还把这一美景称为“太白积雪”，并列入“关中八景”之一。

想不通的罪过

任职左拾遗后，杜甫本以为自己可以借此有所作为。谁知一场政治风波猝然袭来，让他差点儿自身难保。

这场风波的中心人物是当时的宰相房琯。他出身名门，是唐太宗时的宰相房玄龄的八世孙，他的父亲房融在女皇武则天当政时也做过宰相。房琯年少时就享有盛名，曾做过地方官，也受到了同僚和百姓的称赞。

“安史之乱”爆发后，唐玄宗匆匆逃离长安，当时很多官员没能随行，他们中有的贪生怕死，归降了叛军；有的虽然被迫接受了叛军封的官职，但心中始终牵挂大唐；也有一些官员像房琯一样一直苦苦追随唐玄宗，并得到了唐玄宗的重用。

唐肃宗即位后，一开始对房琯也很器重。但房琯并不是一个合格的臣子，他性格自负，讲究虚名，喜好空谈，而且说话直来直去，往往得罪人而不自知。时间长了，唐肃宗对他产生了间隙，没有以前那么信任他了。

偏偏在此刻，房琯又在陈陶斜打了败仗，给朝廷造成了重大损失，唐肃宗对他的看法可想而知。即便如此，唐肃宗还是宽恕了他，并保留了他的宰相之位。

然而，房琯受此打击后，却开始一蹶不振，还经常以生病为借口不处理政务，只在家听琴、讲经，消磨时光。

在朝堂上，有不少人开始跟唐肃宗说房琯的坏话。唐肃宗对他越来越厌恶，终于在 757 年五月把他贬为了太子少师。

杜甫刚被封为左拾遗就遇到了这种事情，正直的他不可能坐视不理。在他看来，房琯喜欢听琴、生病请假等都不算是什么大的过错，不应该随随便便就被罢黜（chù）。再说，身为“拾遗”，杜甫认为自己有责任监督皇帝做得不对的地方，并提醒皇帝及时改正。于是，杜甫果断上书为房琯说“公道话”。可唐肃宗正在气头上，杜甫的措辞又不留一点儿情面，唐肃宗听得火冒三丈，当即命令三司推问杜甫。

“三司推问”可不是小事，这种处理方式一般都是针对重大案件，才会需要御史台、刑部、大理寺的长官或者副长官一起审案，所审对象往往是宰相、节度使这样的朝廷大员。而杜甫一个八品的小官，实在不应该享受这种“破格待遇”。他不知道的是，房琯是被唐玄宗派到唐肃宗身边任宰相的，但唐肃宗一直想要扶植属于自己的势力。所以，房琯与唐肃宗之间的矛盾，实质上是新旧两派政治集团之间的摩擦。杜甫官场生存经验不足，稀里糊涂地蹚了这趟“浑水”，结果就成了唐肃宗打压旧势力的“反面典型”。

当然，杜甫肯定是无罪的，这一点三司也做出了公正的审理：“杜甫只是言辞狂妄，但这正是谏（jiàn）臣的传统。”而继任宰相张镐也一直为杜甫说好话，还劝唐肃宗说：“若是您把杜甫治了罪，以后谁还敢进言啊？”唐肃宗这才消了气，宽恕了杜甫。可从那以后，杜甫再也没有机会得到唐肃宗的任用了。

对于这场莫名的冤屈，杜甫虽然想不通，但也不敢再多说什么。直到几年后房琯因病逝世，杜甫写下《祭故相国清河房公文》以表哀悼之情，并在文中提到“君何不闻，刑欲加矣；伏奏无成，终身愧耻”，说的正是当年因为上书而被问罪的往事。而他在768年所作的《秋日荆南述怀三十韵》一诗中，也提到了当年获罪的经历，可见这件事给他留下了长久的阴影，让他觉得非常惭愧和羞耻。

昔承推奖分，愧匪挺生材。

迟暮宫臣忝，艰危衮职陪。

扬镳随日驭，折槛出云台。

罪戾宽犹活，干戈塞未开。

星霜玄鸟变，身世白驹催。

伏枕因超忽，扁舟任往来。

九钻巴噀火，三蛰楚祠雷。

望帝传应实，昭王问不回。

蛟螭深作横，豺虎乱雄猜。

素业行已矣，浮名安在哉。

琴乌曲怨愤，庭鹤舞摧颓。

秋雨漫湘水，阴风过岭梅。

苦摇求食尾，常曝报恩腮。

结舌防谗柄，探肠有祸胎。

……

即便这样，杜甫也没有忘记自己的使命。他积极地为朝廷举荐贤臣，还以赠别诗的形式给去外地做官的友人们提了不少建议，希望他们能够担当起自己的职责，为国家和百姓多做一些事情。

在那个乱世中，很多人选择明哲保身、随波逐流，而杜甫却像黑夜中的一点点烛火，默默地燃烧着，想要照亮更多的地方。

趣味延伸

古代有一种官最难当，那就是“谏官”，因为他们的职责是给皇帝挑毛病，还要大胆指出皇帝的错误，并规劝其改正。如果遇到开明的皇帝，愿意“纳谏”，谏官还能自由地发表意见；可要是皇帝较为昏庸或是心胸狭隘，不但不会接受谏官的意见，还可能对谏官进行惩罚。

在初唐时期，谏官很受重视，如魏徵就经常大胆进谏，也得到了唐太宗的采纳；武则天时期，还增置了左、右拾遗与左、右补阙这些谏官官职，鼓励官员大胆进谏；可到了唐玄宗时，李林甫任宰相后就对谏官大肆打压，导致谏官的地位一天不如一天，参与朝政议政的机会大大减少，更别提进谏和监督皇帝了。杜甫被封为左拾遗，本想做一名直言进谏的谏官，但唐肃宗却不是心胸开阔的明君。杜甫会有如此遭遇，也就不难想象了。

孤身返羌村

尽管杜甫没有一天忘记自己的职责，但唐肃宗越来越不待见他，甚至索性让他去鄜州探亲，别在凤翔待着惹自己心烦。

757年闰八月（按照农历，某年中八月后出现第二个八月）初一，杜甫开启了凤翔返回鄜州的探亲之旅。战乱期间，官员的生活和出行条件大不如前。杜甫此次出远门，甚至没有一匹代步的马。由于路途遥远，杜甫实在没有办法，只得用一首《徒步归行》诗向人借马。

明公壮年值时危，经济实藉英雄姿。
国之社稷今若是，武定祸乱非公谁。
凤翔千官且饱饭，衣马不复能轻肥。
青袍朝士最困者，白头拾遗徒步归。
人生交契无老少，论交何必先同调。
妻子山中哭向天，须公枥上追风骠。

杜甫借马的对象是唐朝名将李嗣（sì）业。当时，李嗣业刚调回凤翔不久，杜甫对他的大名早有耳闻，认为他是大唐急需的扶危济困的英雄，对他的人品也很钦佩。于是，在自己遇到困难时，杜甫便大着胆子向李嗣业开口了。在这首诗中，杜甫诚实地告知李嗣业自己的处境：不仅地位卑微，年纪又大了，头发都白了，现在希望向他借一匹马，能让自己早点儿和家人相见。

这首诗质朴平实，却不失感人的力量，但最终是否能够打动李嗣业，成功借到马儿，我们却不得而知。

不管怎样，杜甫历经艰辛，终于回到了鄜州羌村。到家的时候正是傍晚，夕阳即将消失在地平线下，眼前是破旧的柴门，耳边萦绕着鸟雀的聒（guō）噪，周遭一片萧条与凄凉。杜甫的妻子、孩子都没想到他能活着回来，他的突然出现让家人一时间都愣在了原地。过了好一阵子，他们才喜极而泣。是啊，在这兵荒马乱的年代，一家人还有团聚的机会，该是多么幸运啊！

到了夜里，杜甫一家人终于安定下来，孩子们已经睡着了，夫妻俩相对而坐，却不知道该说些什么好。他们都觉得这一切就像是在做梦似的，是那么不真实。

过了几天，杜甫才终于适应了和家人在一起安闲、愉悦的生活，可他心里还是有些不踏实。他在《羌村三首》中，描述了自己这种复杂的感受：

晚岁迫偷生，还家少欢趣。
娇儿不离膝，畏我复却去。
忆昔好追凉，故绕池边树。
萧萧北风劲，抚事煎百虑。
赖知禾黍收，已觉糟床注。
如今足斟酌，且用慰迟暮。

在国家多难之际，他却无所事事地待着，虽属无奈，但无异于“苟且偷生”。大约是他在不知不觉中流露出了一些烦闷的情绪，孩子们有所察觉，生怕他又会离家而去，便总是围绕在他身边，用担忧的眼神看着他，这让他更加难过了。

回想当年，听说唐肃宗在灵武即位，自己满怀期望，以为能够追随明君有所作为，然而后来发生的种种事情却让他失望不已。他内心的悲愤无法向他人言说，只能用家中自酿的酒来麻醉自己。

除《羌村三首》，杜甫在这次探亲之旅中还创作了一首长篇叙事诗《北征》，全诗有 140 句之多。从内容来看，它就像是杜甫写给肃宗皇帝的“陈情表”，讲述了自己在途中和到家后的所见所闻。杜甫从来没有忘记自己作为谏官的责任。他在诗中隐晦地提到了对战场局势的看法，并对朝廷借用回纥（hé）兵力提出了一些建议。

尽管唐肃宗一再冷待他，他却对肃宗中兴充满了热切的期望，对国家前途更是抱有莫大的信心。

“乾坤含疮痍，忧虞何时毕！”杜甫无法放下山河破碎、民生涂炭的现状，无论在长安、在凤翔，还是在羌村的家人身边，这位伟大的诗人关注的都不是个人的安危荣辱，而是他愿意为之付出所有的国家和百姓。

趣味延伸

回纥也叫回鹘（hú），是中国古代少数民族，是维吾尔族的祖先。唐朝时，回纥人建立了回纥汗国，和大唐保持着比较紧密的关系。安史之乱期间，大唐曾四次向回纥借兵，也被称为“借兵回纥”。

至德二年（757）秋，朝廷第二次借兵回纥，杜甫在《北征》中描写过当时的情形，“阴风西北来，惨澹随回鹘。其王愿助顺，其俗善驰突。送兵五千人，驱马一万匹。此辈少为贵，四方服勇决。”可知当时回纥方面送来了士兵五千人，战马一万匹，而且这些士兵能征善战，迅猛如鹰，破敌的速度极快。但杜甫还是对此表达了自己的隐忧，主张不宜过多借兵，也不应向回纥人做出太多许诺，否则会在收复长安和洛阳后留下较大的“后遗症”。而事情果然如杜甫所料，回纥协助大唐收复长安后，便有留兵不回的打算。唐肃宗没有办法，只能把自己的亲生女儿嫁给回纥可汗。与此同时，城中百姓也被回纥军队骚扰、洗劫，可以说为了借兵回纥，唐王朝和百姓都付出了巨大的代价。

憋屈的长安过客

当杜甫在羌村无奈地打发日子时，外界的局势却是风云变幻。

先是在杜甫回羌村的途中，叛军试图袭击凤翔，但没有成功。紧接着，757 年九月，唐肃宗让自己的儿子广平王李俶（chù）任天下兵马元帅，郭子仪任副元帅，率领 15 万大军向长安进发。

听说这个消息后，杜甫激动得马上写下《喜闻官军已临贼境二十韵》。在诗中，他大力称颂了官军将士的声威，说他们将像热水涤荡腥臊那样彻底消灭叛军；而叛军将会像鼎中之鱼一样苟延残喘，像穴中之蚁一样无处可逃。

这一次官军的表现确实没让杜甫失望。他们直抵长安近郊，在香积寺北和大股叛军交战。这场战争打得极为惨烈，从正午一直打到晚上，官军杀敌 6 万余人，余下的叛军连夜逃跑，官军顺势收复了长安。没过多久，洛阳也被收复。

十月，唐肃宗回到了长安。杜甫大喜过望，又写下《收京三首》表达自己喜悦的心情。他认为此时正是国家用人之际，自己不能在家里干坐着了，便在十一月携家人一起回到了长安。一路上，杜甫的心情和当时出逃时大有不同，就连看到同样的昭陵，观感都变得和谐、美好起来。

757年八月，杜甫从华州到鄜州探亲，行经昭陵，想到当时

被叛军占据的长安，心情十分沉重。此次，杜甫从鄜州返回长安，行经昭陵，想到已被收复的长安，内心充满了希望和期盼。《重经昭陵》一诗便是写于此时。

草昧英雄起，讴歌历数归。
风尘三尺剑，社稷一戎衣。
翼亮贞文德，丕承戢武威。
圣图天广大，宗祀日光辉。
陵寝盘空曲，熊罴守翠微。
再窥松柏路，还见五云飞。

回到长安不久，杜甫就发现事情并非想象中那么美好。朝廷方面，唐肃宗开始对一些官员“秋后算账”，那些投降叛军还接受了官职的人不但要向皇帝请罪，还被关入牢狱，按照反叛的情节严重程度来治罪，重者判处死刑，次重者接受杖刑，轻者流放或贬谪。前面提到过的郑虔和王维都因曾接受伪职被关押起来。王维因写过讽刺叛军的诗，后来得到了赦免。而郑虔则没那么幸运，直接被贬为台州司户参军。

杜甫听说后十分着急。他还没来得及与郑虔道别，郑虔就匆匆离开了长安。“便与先生应永诀，九重泉路尽交期”，杜甫伤心地写下一首《送郑十八虔贬台州司户伤其临老陷贼之故阙为面别情见于诗》送给郑虔，心中隐隐有不祥的预感。郑虔当时已经年迈，这次又要长途跋涉去偏远地区上任，杜甫很担心以后再也没有机会与这位挚友相见。果然，在 759 年的寒冬，郑虔在台州（今浙江省临海县）客舍病逝，享年 69 岁。

杜甫虽仍然担任左拾遗之职，或许是过去的教训让他认识到了朝堂的风云诡谲，他开始学着谨小慎微，看皇帝的脸色做事。在这段时间，他写了一些有关朝臣生活的诗，虽然已是不俗之作，却远远不及他之前写下的诗作。

杜甫并不满意这样的状态。他空有政治抱负，却仍然得不到唐肃宗的重用，内心十分憋屈，常常到曲江头买酒消愁。然而，俸禄微薄的他还要负担一家人的生活开销，难免囊中羞涩。没有办法，他只能典当衣服，还欠下了不少酒债。

后来杜甫的生活又出现了一个大的变动，才没让他沦为醉生梦死的酒徒。

758 年六月，房琯又因为称病请假、言论不当等原因惹恼了唐肃宗。唐肃宗一气之下将他贬为邠（bīn）州（今陕西彬州市）刺史，还把那些和他来往密切的官员一一贬官。京兆尹严武就被贬到巴州（今四川巴中市巴州区）当刺史，杜甫也受到牵连，被贬为华州（今陕西渭南华州区一带）司功参军。

这首《瘦马行》就是杜甫在贬官后所作。

东郊瘦马使我伤，骨骼硉兀如堵墙。
绊之欲动转欹侧，此岂有意仍腾骧。
细看六印带官字，众道三军遗路傍。
皮干剥落杂泥滓，毛暗萧条连雪霜。
去岁奔波逐余寇，骅骝不惯不得将。
士卒多骑内厩马，惆怅恐是病乘黄。
当时历块误一蹶，委弃非汝能周防。
见人惨澹若哀诉，失主错莫无晶光。
天寒远放雁为伴，日暮不收乌啄疮。
谁家且养愿终惠，更试明年春草长。

当时，他来到长安东郊，看到了一匹瘦骨嶙（lín）峋的老马，因为马身上打着官印，人们都说它是被官军遗弃在路边的。看到这匹马，杜甫不由得联想到自身的遭遇，自己也是不得君主的看重，遭到了放逐和“遗弃”，犹如这匹老马一样困顿到了极点。

他就这样带着满心的遗憾，从金光门离开了长安。从此以后，他再也没有回过这座给过他快乐也让他失落的都城。

趣味延伸

香积寺位于现在的陕西省西安市长安区终南山子午谷正北，神禾原西畔，坐北朝南，依山傍水，地理位置十分优越。

香积寺始建于唐高宗永隆二年（681），是唐代著名的“樊川八大寺”之一。最初，寺院规模宏大，景色宜人，吸引了无数游人到访，就连唐高宗、武则天都在这里留下过足迹。“安史之乱”中，长安的很多建筑都遭到了破坏，香积寺也没能幸免。当时官军在这里和叛军发生过激烈的战斗，也就是著名的“香积寺之战”。战乱中，香积寺的佛堂、佛塔被严重损毁。在之后的日子里，香积寺虽然经过了几次修复，却还是慢慢走向了衰落，寺中珍藏的很多文物也失去了踪迹。20世纪90年代以来，香积寺重新得到了人们的重视。经过保护和修复后，这座古刹的面貌也焕然一新。

从华州到洛阳

758 年七月，杜甫到达了华州。当时正值酷暑，天气炎热，苍蝇嗡嗡嘤嘤，搅得他很是烦躁，甚至连吃饭、睡觉都受到了影响。

在这种情况下，杜甫还要面对堆满桌案的文书，在《早秋苦热堆案相仍》一诗中，他发牢骚说自己有时候“束带发狂欲大叫，簿书何急来相仍”。尽管如此，他还是克服了各种不适，努力为华州做了不少实事。

华州刺史想要向朝廷进《进灭残寇形势图》，杜甫帮忙写文字说明，深入分析了敌我形势，并提出了一些战术建议，可惜未被朝廷采纳。

不久，杜甫又为秋季举行的乡贡考试出了五首策问试题，这些试题主要涉及赋税、驿马供应、水路运输、粮食储备、币制改革等多个方面。之所以出这样的题目，是他发现这一年物价上涨、市场混乱，而朝廷又大造新币造成通货膨胀，因此他迫切想要帮助朝廷和百姓选出能够解决问题的实干型人才。

当年冬天，杜甫出发前往洛阳，想要探望阔别已久的亲戚和朋友，不料途中遇到了杨绾、孟云卿等几位故交。杜甫和他们宴饮交谈，感受到了久违的快乐。

等他到达洛阳的时候，已经是第二年的春天了。看到熟悉的家园，他有一种物是人非的感觉。因“安史之乱”，他的很多亲友要么已经去世，要么飘零他乡，重返故土的他感到无比凄凉。

好在杜甫在此遇到了阔别 20 年的好友卫八处士（姓卫，家中排行第八，处士指隐居不仕的人），回想当年两人初相识时正值年少，如今却都已两鬓斑白，不禁百感交集。因为这样的相遇实在难得。卫八热情地招待了杜甫，与他开怀畅饮，一口气喝下十几杯酒。

短暂的相聚后，杜甫又要面临别离的伤悲，他写下《赠卫八处士》，诗句中那低回婉转的情思令人愁绪难断。

人生不相见，动如参与商。

今夕复何夕，共此灯烛光。

少壮能几时，鬓发各已苍。

访旧半为鬼，惊呼热中肠。

焉知二十载，重上君子堂。

昔别君未婚，儿女忽成行。

怡然敬父执，问我来何方。

问答未及已，驱儿罗酒浆。

夜雨剪春韭，新炊间黄粱。

主称会面难，一举累十觞。

十觞亦不醉，感子故意长。

明日隔山岳，世事两茫茫。

就在杜甫为人生聚散不定而伤感时，社会局势又发生了新的变化。此前，安庆绪放弃洛阳逃到了邺城（今河南安阳）；史思明归降朝廷，剿灭叛军仿佛已经指日可待。

758 年秋天，郭子仪、李光弼等率兵讨伐安庆绪，并从十一月起对邺城展开了漫长的围攻。然而，邺城久攻不下，官军将士士气低迷。次年春天，史思明再次反叛朝廷，派兵救援安庆绪，郭子仪大败，数万将士阵亡，残部退到河阳（今河南省孟州西），以保卫东都洛阳。史思明则顺利进入邺城，并杀死安庆绪，吞并了他的兵马和地盘，还自称“大圣燕王”，公然与唐王朝叫板。

官军的这次大败，让洛阳百姓惶恐不已。他们担心叛军会再打过来，便纷纷逃往别处。此时，杜甫正在洛阳，见此情形也不敢久留。他从洛阳前往新安（今河南新安），再到石壕（今河南陕州区），准备从潼关返回华州。这一路上他看到了许多悲惨的事情，催生了强烈的创作欲望，而这就是不朽的诗作“三吏”“三别”诞生的原因。

趣味延伸

好友见到杜甫，用“新炊间黄粱”来款待他，也就是在米饭中掺入黄粱。这里的黄粱，是脱壳的黍的籽实，原产北方，是我国黄河流域的一种主食，又叫黍米、黄米。早在商朝末年，黍就作为一种非常重要的农作物，位列“五谷”之一，许多大型的祭祀都会用黍来做贡品。汉代以后，小麦的培育、加工技术逐渐成熟，西域各种农作物也不断传入，黍因为不具有种植优势，人们的食用量开始减少，但它“五谷”之一的地位却一直没有改变。

黍米煮饭，即《赠卫八处士》诗中的“黄粱”，味道香甜滑软，在唐代很受推崇。在以唐代为历史背景的《西游记》中，唐僧师徒治好了朱紫国国王的恶疾，国王命人准备美味的素斋答谢他们，其中就专门提到“滑软黄粱饭”。著名诗人孟浩然也写过“故人具鸡黍，邀我至田家”的诗句。不过到了明末，黍逐渐失去主食的地位，不再作为日常的主食，而成了一种人们偶尔食用的杂粮。

不朽的史诗

黄昏时分，杜甫走在新安县的大道上，忽然听到前方人声喧哗，原来是这里的吏役在村里点名征兵。

杜甫连忙走过去，发现那新安吏要带走的是一些还不到服役年龄的少年。他忍不住发问：“新安县已经没有壮年男子了吗？为何要抓这些年轻人？”

新安吏脑袋一抬，表情十分傲慢地说：“州府昨晚下了军帖，我们只能照做！”

杜甫一时无话可说。他眼看着那些年轻人一个个被拉走，有些身体还算壮实，家中还有人哭着送别；可更多的是又瘦又小的少年，或许家人都已在战争中去世，此时竟连个送行的人都没有。

“唉，怎么能让这些半大的孩子去守卫东都啊？”杜甫一边看，一边摇头。不过他转念一想，抵御叛军是每个人应尽的责任，所以他在《新安吏》这首诗中尽力安慰被带走的年轻人，让他们忍住眼泪，咬紧牙关，支持这场“正义的战争”。

然而，杜甫很快就发现自己的想法过于简单了。他亲眼目睹了一幕幕凄惨的画面，才知道老百姓正在遭受什么样的苦难，而这一切早已超出了他的承受能力，也打破了他对唐朝统治者残存的幻想。

那时，杜甫经过石壕村，由于天色已晚，便投宿到一户人家。当天夜里，有官吏到村子里抓人。这户人家早就没有壮年男丁了，老汉生怕自己也被抓走，慌慌张张地翻墙逃走。等老汉走后，老妇定了定神，这才出门查看。

官吏带着随从，打着火把冲了进来，大声质问老妇："你家的男人呢？"老妇悲怆地回答："我家哪儿还有男人啊！三个儿子都在邺城打仗，一个儿子刚捎信回来，说……说另外两个都战死了。我家现在只剩一个还在吃奶的小孙子……你们要抓就把我老太婆抓去吧，这会儿连夜赶回营去，还来得及给当兵的做些早

饭！”让杜甫震惊的是，官吏真的把老妇抓走了！第二天一早，只有那悄悄回来的老汉和他告别。

在《石壕吏》中，杜甫原原本本地记录了这件事。

暮投石壕村，有吏夜捉人。

老翁逾墙走，老妇出门看。

吏呼一何怒！妇啼一何苦！

听妇前致词：三男邺城戍。

一男附书至，二男新战死。

存者且偷生，死者长已矣！

室中更无人，惟有乳下孙。

有孙母未去，出入无完裙。

老妪力虽衰，请从吏夜归，

急应河阳役，犹得备晨炊。

夜久语声绝，如闻泣幽咽。

天明登前途，独与老翁别。

虽然他没有花费多余的笔墨去描写老汉的表现和自己的心情，但我们分明感受到了那种强烈的痛苦和让人无法呼吸的憋闷感。

类似这样的悲剧，这一路上杜甫并未少见。在《新婚别》中，有对新婚夫妻草草成了亲，第二天丈夫就要去河阳作战，那孤苦无依的妻子只能把痛苦埋藏在心间；在《垂老别》中，一位老翁已经年老力衰，却被迫从军，他的老妻知道他这一去就再也回不来了，哭倒在了路旁，那凄惨的哭声让人心碎；而在《无家别》中，一名在邺城兵败后回乡的士兵又一次被征召，他已经无家可归，也没有任何人为他送行，在踏上征途之际，他情不自禁地想起了自己早已去世的母亲，由于他长期在外征战，无力奉养老母，甚至母亲去世都没能好好地埋葬……

“人活在世上却无家可别，这老百姓可怎么活啊？”杜甫借士兵之口发出了悲愤的控诉，控诉的对象正是高高在上的统治者，他们不顾老百姓的死活，把老百姓逼迫到了无法生存的境地。杜甫已经无法再对百姓进行空洞的劝慰了，因为他心中的愤怒和痛苦，已经难以言喻。

终于，杜甫来到了潼关，看到士卒正在艰难地修筑防御工事。潼关吏对这些工事充满了信心，他自豪地对杜甫介绍道：“您看这层层战栅高接云天，连鸟儿都难以飞越。那山口要冲狭窄得只能容单车通过，真是‘一夫当关，万夫莫开’。敌兵来了，我们只需做好防守，长安就安然无恙了！”杜甫却没有附和，而是想起了三年前叛军攻打潼关，官军损失惨重的情况，他语重心长地劝慰道：“你们还是要吸取以前的教训，千万别像当年哥舒翰那样仓促应战啊！”

当然，杜甫十分清楚当年潼关官军战败的真正原因，他并不是在指责哥舒翰指挥无能，而是想到了多方面的复杂因素，内心充满了沉痛和悲愤，于是写下《潼关吏》一诗。

士卒何草草，筑城潼关道。

大城铁不如，小城万丈余。

借问潼关吏，修关还备胡。

要我下马行，为我指山隅。

连云列战格，飞鸟不能逾。

胡来但自守，岂复忧西都。

丈人视要处，窄狭容单车。

艰难奋长戟，万古用一夫。

哀哉桃林战，百万化为鱼。

请嘱防关将，慎勿学哥舒。

《新安吏》《石壕吏》《潼关吏》《新婚别》《垂老别》《无家别》这六首诗被合称为“三吏三别”，成为杜甫重要的代表作。在这些诗中，杜甫的内心是痛苦和矛盾的，他对生活在水深火热中的人民无比同情，对残暴、腐朽的统治者极为愤慨，可是想要结束这场战乱，减少人民的痛苦，他又不得不把希望寄托于统治者。他多么希望这一切能赶快终结，国家能重新恢复安定，人民也能从无边无际的苦难中暂且挣扎出来，获得喘息的机会。

趣味延伸

杜甫在《新安吏》中描写了因为“丁男”不足，县吏强行征调“中男”入伍的场景。那么，什么是“丁男”，什么又是“中男”呢？

原来，“丁”有强壮、强盛的意思，后来引申为男子的别称，比如家中的男性可以称为“男丁”。至于“丁男”一般指已经成年的男性，或者说达到了服兵役、服劳役年龄的男性。根据唐代早期的规定，男子16岁为“中”，21岁为“丁”，60岁为“老”，征兵主要是征召21岁以上的男丁。到了唐玄宗时，又改为18岁为“中”，23岁为“丁”，征兵的年龄也就提高到了23岁。然而，“安史之乱”中，官军动不动就损兵折将，急需补充兵员，壮年男子早就被征用完了，战争的消耗却没有停止。所以，官府只能开始征召“中男”，即18岁到23岁的男子。

把贫穷困顿“熬”成诗

公元 759 年的春天，杜甫回到华州后，对从政有些心灰意冷了，因为他亲眼看到朝廷和官吏是怎么欺凌、压榨百姓的。他不得不承认，自己所做的那些微末小事，根本无法改变这糟糕的现状。

时间过得飞快，转眼又到夏天，很久没下雨了，旱情越来越严重，引发了饥荒，灾民到处逃难。杜甫在《夏日叹》中就写到了这种情况，黄河以北大部分地区仍然被叛军占据，他们对河南虎视眈眈，此时官军也不知道都去哪里了！

杜甫每天忧心忡忡，吃不下、睡不好，对朝廷的失望也与日俱增。终于，他下定决心在立秋后辞去官职，携全家老小离开华州，前往相对安全的秦州（今甘肃天水）。

秦州是长安以西第一个重镇，翻越高高的陇山，便可进入秦州地界。当时，杜甫的侄子杜佐和朋友赞公和尚等都住在秦州，但他们也因战乱，日子过得紧巴巴的，没有余力救助杜甫。所以，杜甫一家非但没能顺利地在秦州定居下来，日子还越过越艰难。杜甫甚至不得不以采药卖药维持生计，即便这样，家里也总是入不敷出。

不过，令人惊讶的是，虽然杜甫在秦州没待几个月，生活上也极度贫穷困顿，但他一直坚持创作，竟然为后人留下了一百多首诗！

刚到秦州时，杜甫曾经想买一块地建一座草堂让家人容身。他四处走访，想要找一处风景秀美的地方，但因为资金实在有限，建草堂的想法落空了，可他却喜欢上了秦州的山水。后来，在进山采药、遍访亲友的时候，杜甫也有机会踏足秦州有名的名山、寺庙，将自己的所见、所感写在一首首诗中。南郭寺（位于甘肃天水城南）、麦积山的山寺（今麦积山瑞应寺）、太平寺（位于天水寺甘泉镇）等都留下过他的足迹。他还去凭吊过两汉名士隗（wěi）嚣避暑的去处隗嚣宫（故址在今皇城山上），游览过风景优雅的驿亭（故址在今天水郡附近），走访过民风淳朴、如世外桃源一般的东柯谷，所到之处，都留下了精彩的诗篇。

游览之余，他还为思念已久的亲人、朋友写诗。时值白露，戍楼传来沉重、单调的更鼓声，远处一只失群的大雁正发出阵阵哀鸣，这冷落沉寂的氛围引发了杜甫对故乡、对兄弟的思念之情，一首《月夜忆舍弟》写得伤心断肠，感人至深。

戍鼓断人行，边秋一雁声。

露从今夜白，月是故乡明。

有弟皆分散，无家问死生。

寄书长不达，况乃未休兵。

在内心寂寞、失落的时候，杜甫又想起了昔日的好友李白、郑虔、高适、严武……来到秦州后，杜甫很少能收到朋友的消息，不免对他们十分牵挂。其中最让他惦记的就是李白。

想到李白一生的遭遇，杜甫不禁无限感慨：“凭什么那些脑满肠肥、庸碌无为的权贵充斥长安，而像李白这样才华绝伦的人物却献身无路、困顿不堪？甚至晚年，他还要被囚禁、被放逐，这世间还有什么公平可言！”这是杜甫在为李白发出不平之声，但其中又何尝没有寄予他自己的心声呢。《梦李白二首》就是写于此时。

死别已吞声，生别常恻恻。

江南瘴疠地，逐客无消息。

故人入我梦，明我长相忆。

恐非平生魂，路远不可测。

魂来枫林青，魂返关塞黑。

君今在罗网，何以有羽翼？

落月满屋梁，犹疑照颜色。

水深波浪阔，无使蛟龙得。

在秦州始终居无定所，杜甫开始萌生去意，希望能找个适合安顿全家的地方。一天，他收到了一封邀请他去同谷（今甘肃陇南成县）居住的来信，信上还说同谷的食物很是充足，良田里生长着薯蓣（即山药）、山崖里有蜂蜜、竹林里有冬笋……这对走投无路的杜甫一家人来说，真是个天大的好消息。

十月里的一天，杜甫辞别了秦州的亲友，带着家人踏上了前往同谷的路。可是，秦州距离同谷有二百多里，还要翻山越岭，一家人走得异常辛苦。当时已进入初冬，天气一天冷似一天，杜甫一家都冻得浑身发抖，却也不敢停留，只能一边加速赶路，一边不断地安慰自己："到了同谷就有好日子了！"

然而，当他们历尽千辛万苦来到同谷后，邀请他们的那位"佳主人（据后代学者推测，可能是同谷县令）"却莫名其妙地没了踪影，也不知道他是辞官了还是调离了，他信中描述的那些美好生活也化为了泡影。

但杜甫并没有埋怨这个"佳主人"，而是想尽一切办法养活家人。在《乾元中寓居同谷县作歌七首》中，他描述了自己当时狼狈的样子：满头蓬乱的头发盖过了耳朵，手脚都冻开裂了，衣服破破烂烂，怎么拉扯都盖不住小腿。他每天不是捡些橡树籽充饥，就是在山上挖掘黄精（一种中药材，有充饥的作用）。有时候山上雪大，实在挖不到可吃的，孩子们都饿得哇哇大哭……杜甫的诗句字字泣血，催人泪下。

杜甫一家就这样在同谷勉强坚持了一个月，最后实在待不下去了，才决定前往蜀中（今四川省中部）。回顾这一整年，杜甫和家人仿佛一直都在四处跋涉，却始终找不到可以容身的地方。国家仍是战火纷飞，百姓也依然挣扎在苦难中，杜甫一家也尝尽了“穷途末路”的滋味。那么，到蜀中后，他们能够迎来生活的转机吗？

趣味延伸

麦积山位于甘肃省天水市麦积区，形状有些像农家的麦垛，所以得此名。麦积山最大的奇观就是那些数不胜数的石窟。从十六国时期的后秦开始，就有人在这里开凿石窟了。杜甫到这里游览时，麦积山石窟已经有了不小的规模。这些石窟建在二十米到七八十米高的峭壁上，样式、大小各不相同，窟与窟之间全由架在崖面上凌空的栈道相连。

杜甫曾在《山寺》一诗中用一句“悬崖置屋牢”，逼真地描绘出了开凿工程的困难。为了在悬崖峭壁上修建石窟，人们不

得不先修栈道，后开凿石窟。据说，当时要先把木材堆到80米高处，再开始从高向低修建栈道，所以又有“砍完南山柴，修起麦积崖”的说法。

漂泊西南的孤客

“蓉漂”生活的开始

杜甫的诗歌之所以被后人称为“诗史”，是因为他的诗真实地记录了时代变迁，反映了当时的社会生活。但人们可能往往忽略了一点，那就是他的诗也蕴含着大量的地理信息，包括山川地貌、名胜古迹、风土人情等，宛如一幅幅生动的“文化地图”。

之前从秦州前往同谷时，他便写下十二首组诗，第一篇以《发秦州》为题，其余各诗分别描写沿路经过的一个地点，如《赤谷》《铁堂峡》《盐井》《寒峡》《法镜寺》《青阳峡》等，不但路线极为清晰，还为我们展示了该地区独特的地理特征。而他从同谷前往蜀中时，同样留下了十二首组诗，第一首以《发同谷》为题，其余各篇依次是《木皮岭》《白沙渡》《水会渡》《飞仙阁》《五盘》

《龙门阁》《石柜阁》《桔柏渡》《剑门》《鹿头山》《成都府》。读这些诗的时候，我们仿佛能够看到杜甫一家人是如何翻山、渡江、登岭、过栈道……

李白曾感叹“蜀道之难，难于上青天”，而杜甫一家就是用双脚一步一步走过这条惊险的道路，最终在 759 年年底，进入了号称“天府之国”的成都。

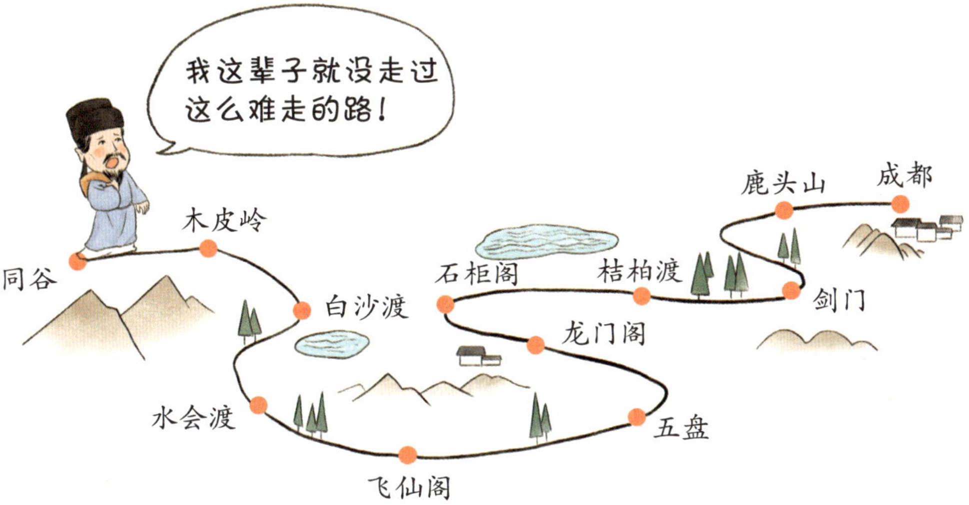

“安史之乱”把中原地区搅成了一锅粥，而成都坐拥群山天险，易守难攻，成了难得的“风水宝地”，而且这里气候温暖湿润，物产丰富，生活相对容易。所以，唐玄宗在逃难时也把这里当成了目的地。当时一起流亡到此的官员、老百姓不少，其中不乏杜甫的亲戚、朋友们，可以为他提供一些帮助，让他的“蓉（成都的简称）漂”生活稍微轻松一些。

最初，杜甫一家寄居在成都西郊外的寺庙里，那是一座古老的寺庙，里面的和尚寥寥无几，可以提供空房给杜甫一家暂住。亲友、邻居们对他们也很关心，有的送来粮食，有的拎来蔬菜，让他们能够填饱肚子。不过住在寺庙里毕竟不是长久之计，过了年，杜甫就开始寻找新的居所了。亲朋好友很热心，帮他在浣花溪旁找到一块山灵水秀、环境清幽的荒地，杜甫准备在这里建一座茅屋，也就是最初的“草堂”。

一无所有的杜甫想要修建一所新居并不容易。无奈之下，他只得各处“拉赞助”。有位姓王的表弟知道他缺资金，便带了些钱专门出城来寻他，才算是解了杜甫的燃眉之急。

资金到位后，草堂的修建就步入了正轨。杜甫想营造一处清新雅致的院落，有需要便写诗向朋友们求援。他在成都的好友大都热情慷慨，很乐意向他提供帮助。一位姓萧的朋友收到诗后就给他“赞助”了一百株桃树苗，一位姓韦的朋友赠给他一些竹子，还有几位朋友送给了他桤（qī）树苗、松树苗、果木秧等。为此，他写了《萧八明府实处觅桃栽》一诗。

奉乞桃栽一百根，春前为送浣花村。

河阳县里虽无数，濯锦江边未满园。

完成了布置院落的任务后，杜甫才想起全家的生活物品还没着落呢，便又提起笔来写了一首《又于韦处乞大邑瓷碗》。

大邑烧瓷轻且坚，扣如哀玉锦城传。

君家白碗胜霜雪，急送茅斋也可怜。

在朋友们热情慷慨的帮助下，“草堂”终于有模有样地建成了，四处漂泊的杜甫和家人有了栖身之所，全家人都松了一口气。

这么值得纪念的时刻，怎能没有一首好诗呢？杜甫当即提笔写下一首《堂成》，把自己新居初定时愉快、轻松的心情，细致而生动地表达出来。

背郭堂成荫白茅，缘江路熟俯青郊。

桤林碍日吟风叶，笼竹和烟滴露梢。

暂止飞乌将数子，频来语燕定新巢。

旁人错比扬雄宅，懒惰无心作解嘲。

虽然这草堂只是一座简陋的茅草屋，可杜甫却用自己的生花妙笔写尽了它的好处。你看，那草堂临江而立，地势较高，可以俯瞰周围的自然美景；草堂四周林木茂盛，清风拂过树枝，让树叶轻轻摩擦，那声音宛如动人的吟唱声；晨雾笼罩下，晶莹的露珠从树梢徐徐滴落，让心灵也变得清凉幽静起来……

这便是杜甫心中最美好的家园，谁又能想到，在若干年后，它会成为诗坛乃至文学界的一块“圣地”，更是无数文人雅士的心之所向呢。

趣味延伸

杜甫先后在成都草堂住了3年零9个月时间，创作了众多诗篇，流传至今的就有240多首。

草堂一度遭损毁，只剩下遗址，五代时有个叫韦庄的诗人找到这里，重建了草堂。在此后的漫长岁月中，草堂又被多次修复。

如今的草堂已经成为一座博物馆，有五重主体建筑，重要的建筑如诗史堂、工部祠等都分布在一条中轴线上，两旁对称分布着回廊和附属建筑，其间小桥流水，竹树掩映，既庄严肃穆又古朴典雅。

草堂乐与苦

杜甫在成都安顿下来，也逐渐适应了这里的生活。回想在秦州、同谷那些不堪回首的日子，再看看眼前恬淡、安静的生活环境，他心中感慨万千。

杜甫经常在草堂四周徜徉，置身于清新的自然风光中，就仿佛是在美梦中一般。要知道，此刻战乱还未平息，他却幸运地在乱世中找到了一方栖身之所，在别人眼中或许显得“寒酸”，可他自己却认为非常难得。

他在此创作了很多意境美好的佳作，把草堂周围的一草一木、一鸟一虫都写了进去。在《遣意二首》中，他沿着浣花溪畔自在地漫步，从黄昏走到夜晚，将不同时间变幻的乡村景象尽收眼底；在《田舍》中，他更是如绘画大师一般，细细勾勒了一幅田园风情画作，让农家小院、草丛、枇杷树、鱼鹰等一一呈现在我们眼前；而在《春夜喜雨》中，应时而来的“好雨”让他十分喜爱，他尽力赞美着春雨滋润万物的无私，想象着雨后“花重锦官城”的美景，字里行间流露出令人喜悦的春天气息。

有时候，杜甫也会在草堂接待邻居和朋友，他与隔壁的老翁就经常一起喝酒，相处得很是融洽。有一次，一位姓崔的县令特地来看望他，让他十分开心。为了迎接客人，他把长满花草的庭院小路打扫干净，又把蓬草编的门敞开。

可惜家里没有什么好的菜肴，酒也是以前酿的浊酒，但这已

经是杜甫能拿出手的最好的东西了，相信朋友也不会嫌弃。从这首富有情趣的《客至》，我们读出了杜甫待客的诚意，也感受到了那种浓郁的生活气息和人情味。

舍南舍北皆春水，但见群鸥日日来。
花径不曾缘客扫，蓬门今始为君开。
盘飧市远无兼味，樽酒家贫只旧醅。
肯与邻翁相对饮，隔篱呼取尽余杯。

不过，草堂生活并不总是轻松悠闲的，杜甫也要亲自耕耘土地、锄掉野草、栽种树木、培育药材，这时候的他就像个勤劳的农人。

有时，生活中还会出现一些小插曲，让杜甫尴尬无措。761年秋天的一天，忽然刮起了大风，把草堂屋顶上的好几层茅草都卷走了。那些茅草随风乱飞，有的飘过了浣花溪，散落在对岸江边，有的缠绕在高高的树梢上，还有的飘飘洒洒沉落到池塘和洼地里。杜甫想要把茅草捡回来，可附近的一群顽童欺负他年老无力，竟当着他的面抢走了茅草，钻进竹林去了。杜甫扯着嗓子喊了半天，顽童也不理睬，他只得叹着气，拄着拐杖回去。

过了一会儿，风总算是停下来了，可大雨又不期而至，少了茅草的屋顶挡不住雨水，很快屋里就没有一块儿干燥的地方了，

就连一家人睡觉的床都没能幸免。自“安史之乱”以来，杜甫的睡眠质量就一直不好，这下更睡不着了，只能听着不绝于耳的雨声，苦苦地捱到天亮。

这一次不幸的经历被杜甫写进了歌行体古诗《茅屋为秋风所破歌》中。

八月秋高风怒号，卷我屋上三重茅。茅飞渡江洒江郊，高者挂罥长林梢，下者飘转沉塘坳。南村群童欺我老无力，忍能对面为盗贼。公然抱茅入竹去，唇焦口燥呼不得，归来倚杖自叹息。俄顷风定云墨色，秋天漠漠向昏黑。布衾多年冷似铁，娇儿恶卧踏里裂。床头屋漏无干处，雨脚如麻未断绝。自经丧乱少睡眠，长夜沾湿何由彻！安得广厦千万间，大庇天下寒士俱欢颜！风雨不动安如山。呜呼！何时眼前突兀见此屋，吾庐独破受冻死亦足！

让人感动的是，杜甫并没有过多地渲染自己和家人的痛苦，而是推己及人，联想到了“天下寒士”的痛苦，进而发出由衷的感叹：如果天底下贫寒的读书人都能得到宽敞、高大、安稳的房

屋，那他自己即使受冻而死也是心甘情愿的。

从这也能看出，杜甫的胸怀是多么宽广博大，他从来都不在乎自己的温饱安逸，他的目光是如此高远，看到的总是整个国家和所有的黎民百姓。这样一位人格高尚、才华横溢的伟大人物，却只能流落民间，甚至连自己和家人的温饱都难以保证，真是唐王朝最大的悲哀！

趣味延伸

成都有很多别称，比如杜甫在《春夜喜雨》中提到的“锦官城”就是成都的别称之一，这是因为成都的蜀锦最为出名。蜀锦历史悠久，名字源于距今4000多年前的古蜀国。汉代时官府在成都设立了“锦工场”，还有“锦官”负责管理织锦，所以成都就有了“锦官城”这一雅号。因为蜀锦图案精美、工艺精湛，色彩鲜艳，深受人们的喜爱，还和宋锦、云锦、壮锦并称为“中国四大名锦”。

除了“锦官城”，成都还有一个好听的别称——蓉城，这是因为五代后蜀王孟昶为了讨皇妃花蕊夫人的欢心，便命人在城墙上遍种木芙蓉，花开时美不胜收。所以，成都就和芙蓉花扯上了关系，简称也成了“蓉”。

蜀地相逢的“知音”

在成都，杜甫还经常与老友相逢，这让他备感欣喜。

高适就是杜甫在成都喜逢的知音之一。杜甫来蜀中之前，高适就在彭州（今四川彭县）担任刺史。刚到成都时，衣食无着，杜甫还曾写诗向高适求助：“为问彭州牧，何时救急难？”你看，杜甫因为着急，都开始直截了当地问高适了：“你准备什么时候出手救急啊？”从这些诗句中也能看出，他们两人之间的关系是比较密切的。

不久，高适改任蜀州（今四川崇州）刺史，距离成都更近，两人近距离交流的机会也变多了。杜甫曾去蜀州拜访高适，高适也曾带着酒来草堂找老友叙旧。见不着面的时候，两人还会写诗互寄。

公元 761 年正月，高适忽有所感，写下一首《人日寄杜二拾遗》（“人日”指正月初七）。在诗中，高适回首满目疮痍的中原，和老友一起思念久别的故乡，同时感慨自己和老友都是身世飘零、壮志难酬，特别是自己虽然身居刺史之位，却无所作为，不免有愧于到处漂泊流离的友人。据说，杜甫读过这首诗后，忍不住“泪洒行间”，可见他的心灵也被高适的诗深深触动了。

除了高适，严武也是杜甫在蜀地志趣相投的好朋友。他们两个人都曾受房琯的牵连被贬官，相同的遭遇让他们彼此同情、彼此关怀。那年，严武获得了提拔，成了成都尹，因此有了更多的机会看望和拜访杜甫。

仲夏的一天，严武不顾炎热，又一次来到草堂。大概是考虑到杜甫家徒四壁，无力招待朋友，他便自己准备了美酒佳肴，还带上了厨师和随从。于是，草堂前就出现了“竹里行厨洗玉盘，花边立马簇金鞍”的画面，让平时严肃惯了的杜甫都忍不住展开了笑颜。

有时候，杜甫也会进城去严武府上饮宴。当然，他们两人的

交往可不是吃吃喝喝那么简单，杜甫会对严武提出一些有益的建议，严武也常常鼓励杜甫出仕为官，不要浪费了一身的才华，但杜甫却不止一次写诗表达了自己的退隐之意。

这首《严中丞枉驾见过》就是杜甫写给严武的“婉拒诗”。

元戎小队出郊坰，问柳寻花到野亭。

川合东西瞻使节，地分南北任流萍。

扁舟不独如张翰，白帽还应似管宁。

寂寞江天云雾里，何人道有少微星。

这时，杜甫经常自称“野老”“老农”，自比为晋代张翰、东汉管宁这样的隐士，动不动就想驾着一叶扁舟归隐，然而在内心深处，他并没有真的放下一切。

严武与杜甫的这段交往时间并不长，唐肃宗去世后，继位的唐代宗很快就召严武入朝。第二年七月，严武离开成都，杜甫舍不得和他分开，一直将他送到了绵州（今四川绵阳）。他们一起登上江楼彻夜饮宴，却还是觉得不够尽兴。第二天早上，杜甫又将严武送到奉济驿（距离成都 100 多千米），这才依依惜别。

直到严武的背影彻底消失在视线中，杜甫才擦干泪水，独自往回走。可他万万没有想到，就在严武离去的这段时间，意外发生了——原任成都少尹兼御史的徐知道发动叛乱，还派兵截断了通往蜀中的道路。杜甫回不了家，被迫滞留绵州，后来又到梓州（今四川三台）去避乱。当时，他心中无比牵挂妻儿，却不知道何时才能与他们重聚。

趣味延伸

杜甫的朋友如高适、严武等都做过“刺史”，这是一个什么样的官职呢？刺史是唐代州级行政单位的最高长官。不过唐代的

州也有等级之分，所以刺史的品级就有高低之分，大多在从四品到正三品之间。

刺史在唐前期和中期地位较高，除了管理行政事务，还能决定一州内的士子是否有资格参加科举考试。同时，一州的刺史往往也是当地文坛的领军人物。然而唐朝中期以后，刺史的地位却大不如前，往往成了被贬官员的归宿。像韩愈被贬为潮州刺史，刘禹锡被贬为连州刺史，柳宗元被贬为邵州刺史……晚唐时期，刺史地位更是严重下降，一些边远地区的刺史地位更低，一般官员都不愿意去，因此调任这类刺史就带有惩罚的性质。

梓州、阆州漂泊记

徐知道发动叛乱不过一个多月，就被自己的部下所杀，叛军也被高适率兵击溃，高适还写下《贺斩逆贼徐知道表》向朝廷汇报喜讯。尽管如此，杜甫的生活还是受到了很大的影响。他流亡到梓州，直到秋末才回到成都，并把妻儿都接到了梓州居住。

可不管是成都还是梓州，这个时候都很不太平，大大小小的地方势力动不动就发动叛乱，有的地方还出现了小股的农民起义。有一些小规模的骚乱甚至没有被记录在史料里，但我们可以通过杜甫的诗一窥究竟，可见杜诗被称为“诗史”确实是名副其实的。

而在蜀地以外，形势就更加复杂了。761 年三月，史思明被他的儿子史朝义和部下合谋杀害。762 年十月，官军再一次借兵回纥，收复了洛阳。而回纥人又故伎重演，在洛阳大肆抢掠，给百姓带去了更多的苦难。直到 763 年的正月，史朝义自杀身亡，叛军群龙无首，将领纷纷投降，“安史之乱”才算是大致画上了句号。

这时的杜甫远在梓州，听说了这个好消息，激动得想要跳起来。《闻官军收河南河北》这首千古名诗就是他在此时创作的。

剑外忽传收蓟北，初闻涕泪满衣裳。

却看妻子愁何在，漫卷诗书喜欲狂。

白日放歌须纵酒，青春作伴好还乡。

即从巴峡穿巫峡，便下襄阳向洛阳。

似乎是为了发泄自己胸中长期以来郁积的情绪，杜甫一反平日里老成持重的形象，整个人兴奋得像个孩子，时而涕泪交流，时而手舞足蹈。他认为，战乱平息，黎民的疾苦将要止息，而自己颠沛流离的苦日子也要熬出头了，他甚至觉得自己立刻就能回到故乡洛阳，开始新的生活……但是，事情的发展真能如杜甫所愿吗？

让我们将目光投向中原。尽管“安史之乱”已经平息，中原混乱的局面却并没有结束。在洛阳、长安城里，那些借来平乱的

回纥士兵肆意地抢掠财物，欺压老百姓，杜甫当年对“借兵回纥”的担忧都成了现实。另外，吐蕃（bō）的势力也一天比一天膨胀，还占据了边关的一些地区，对中原虎视眈眈。

763年七月，趁着大唐局势混乱，吐蕃大举进犯，攻陷了河西陇右地区，接着继续向关中地区进军，相继攻陷泾（jīng）州（今甘肃泾川）、邠州。此时，官军主力还在与各地叛军交战，长安守军兵力严重不足。唐代宗发现形势危急，慌忙逃到了陕州，将长安拱手让给了吐蕃人。于是，长安第二次陷落，这让杜甫无比痛心。

不过很快，在郭子仪的指挥下，各路官军纷纷回防，给吐蕃造成了极大的压力，最终他们仅仅占领了长安15天，便不得不撤军离开。身在阆（làng）州（今四川阆中）的杜甫，收到消息后，写下了《伤春五首》，他并没有对收复长安表示喜悦，因为他发现国家内外隐患重重，未来令人担忧。由于当时朝政被宦官程元振把持，政局一片混乱。杜甫便在诗中指出了这个问题，还建议统治者铲除奸佞（nìng）小人，重用贤人，并且君臣都应当重视“修德”，才不会再出现这样的乱象。

在这个时期，杜甫往来于梓州和阆州之间，因为少了朋友的接济，生计又出现了问题，所以不得不依附于人，写一些陪宴和送别的应酬作品。他曾经陪梓州刺史章彝迎送客人、游山寺、打猎等，每每显得小心翼翼，内心却觉得格外辛酸。

虽然梓州、阆州风景秀美，但杜甫并没有条件和机会找到一个适合久住的地方，这让他更加怀念成都草堂的生活，并专门写下《寄题江外草堂》一诗。每当有亲戚、朋友去成都的时候，他便会嘱托他们去浣花溪畔看一看草堂有没有被损毁。

除了回成都草堂，杜甫还有远游的计划：要么北上洛阳，要么东去荆湘。但苦于没有旅费，所以一直没能成行。后来章彝为他筹了一部分旅费，他便于 764 年正月底，带着妻子和孩子来到阆州，打算从嘉陵江出行。

可“旅游计划”还没来得及实行，杜甫便突然被朝廷召回，任职京兆功曹参军。杜甫也是个硬脾气，想着自己的行程都定下来了，便懒得去赴任。没想到，此时严武也被任命为成都尹兼剑南节度使。听说老朋友要回成都，杜甫内心不禁动摇了。他十分思念老友，也终究放不下草堂，便在暮春三月，带着家人回到了成都。

趣味延伸

唐王朝和吐蕃这两个政权几乎是同时崛起的，在很长一段时间里，一直保持着敌对关系。早在唐太宗时期，吐蕃就曾出兵侵扰大唐疆域，后来被唐军击溃。之后，吐蕃暂时臣服于唐朝，而文成公主和亲让两国维持了一段时间的和平稳定关系。

到了唐高宗时期，吐蕃实力日渐强大，又开始蠢蠢欲动，还想要和大唐争夺西域的控制权。在大非川之战中，唐军被吐蕃军队突袭，伤亡惨重。自此以后，西域的控制权就轮番在大唐和吐蕃之间辗转。“安史之乱”时，吐蕃借着唐代宗仓促继位、政局不稳的机会，大举进犯，长驱直入攻陷长安，后来虽然被郭子仪赶出，但是唐朝西部边境有一大部分被吐蕃吞并。然而连年征战，吐蕃自身的损失也很大，加上内乱愈演愈烈，国力日渐衰弱，最终，曾经强盛一时的吐蕃王朝也走向了末日。

重回草堂

回到阔别已久的家园时，杜甫看到的是一副破败的景象，只见那园中小径已经被野草覆盖，茅屋里野鼠乱窜，家具上布满了蜘蛛网，水槛和药栏也都歪歪斜斜、损毁严重。但杜甫并不嫌弃，马上卷起袖子，开始打扫草堂、规整物品。

附近的邻居见他们回来了，也纷纷前来看望，有的还自带酒水。严武对他更是关心，即刻派人过来询问他有什么需要。杜甫在《草堂》诗中描写了当时的情景，沉寂已久的草堂人来人往，又有了热闹的生活气息。

经过一番修整，草堂面貌焕然一新，杜甫的心情也轻松了不少。这段时期，他的诗歌风格显得明丽轻快，让人读后也能受到

感染。如经典的《绝句》，就能告诉我们杜甫的心境是越来越开阔了。哪怕他只是坐在小小的草堂里，透过一方窗户，也能在想象中看到千年的积雪、万里的行船。

如果就这样在草堂过着闲适的生活，对杜甫来说似乎也是一个不错的选择。但是严武觉得他太消沉了，总想找点儿事情给他做做。764 年六月，严武推荐杜甫担任节度参谋、检校工部员外郎，一来可以让杜甫发挥才干，二来也能改善他家的经济窘况。

这是杜甫一生中得到的官阶最高的职位，品级有从六品上。但此时的他，心境和当年在长安努力求官时已大有不同。他其实已无意再涉足官场，但又不好意思拒绝严武的好意。于是，只好不太情愿地离开草堂，住进了严武幕府中。

作为一名幕僚，杜甫很清楚自己的职责，也曾向严武提出一些抵御吐蕃的建议和看法。严武也积极练兵，并亲自部署反击吐蕃的战略，还取得了不错的成果。至于其余的时间，杜甫则陪着严武四处游玩，有时在江中泛舟，有时观赏园林美景，有时饮酒作诗。

可杜甫并不喜欢这样的生活，他已经 50 多岁了，满头白发，体力不足，也没有以前的心劲儿了。他虽然努力出谋划策，却总觉得自己什么忙都帮不上，难免对朋友有一丝愧疚。加上为人耿直、脾气倔强，为人处世不够圆滑，和那些比自己年轻的文武官员也合不来，他常常觉得孤独、苦闷。

幕府的生活有些刻板，幕僚们每天天刚亮就要开始办公，天黑才能休息。生性散漫的杜甫对此很不适应，时间长了，总觉得身体不舒服，特别是久坐后，腿脚常常麻木难忍。在一个寂静的夜晚，他独自坐在府中，望着那凄清的月色，写下一首悲凉的诗歌《宿府》。

清秋幕府井梧寒，独宿江城蜡炬残。

永夜角声悲自语，中天月色好谁看。

风尘荏苒音书绝，关塞萧条行路难。

已忍伶俜十年事，强移栖息一枝安。

终于，他坚持不下去了，便给严武写了一封又一封信，诚恳地表示自己还是想回草堂去，做一个真正的闲人。严武实在拗不过他，便同意了他的请求。

765 年正月，身心疲惫的杜甫再次回到草堂。他打算在这里

长期居住，便勉强打起精神，开始修葺茅屋，似乎要安心做个隐士了。

不料，一个又一个坏消息不断传来，让他几乎完全崩溃。先是正月，高适在长安病逝；到了四月，严武也忽然去世了。这样一来，杜甫在成都就彻底没有了倚仗。他只觉得心都要碎了，眼前的草堂似乎也没有之前那么吸引他了。一番思索后，他决定带着家人离开成都，乘船东下，完成之前被中断的东游计划。

临行前，杜甫写下《去蜀》一诗。

五载客蜀郡，一年居梓州。

如何关塞阻，转作潇湘游。

世事已黄发，残生随白鸥。

安危大臣在，不必泪长流。

杜甫用这首诗总结了自己在蜀地五年多的生活，还回顾平生，为自己年老却一无所成哀叹不已。最后，他用一句沉重的慨叹作为结尾：“国家安危大计自有当政大臣支撑，我这个不在其位的人何须枉自老泪长流呢！”从这句诗，我们听出了他忧国忧民的赤诚丹心，却也为他的身不由己无奈叹息。

从那以后，杜甫再也没有来过蜀地，这里却因他留下了很多美好的传说。他居住过的草堂，以及他游览过的武侯祠、先主庙、摩诃（hē）池、琴台等景点都闻名于世，吸引无数后人前来回味他在诗中描述的场景。

趣味延伸

在我国古代，军队外出作战时，指挥机构设在帐幕之中，所以就有了“幕府”这个词语。后来，人们把军政大员的衙署也称为幕府，在内任职的文职官员便是“幕僚”。

唐王朝开国时，秦王李世民（即唐太宗）就曾大开幕府，吸纳各方人才加入，鼎鼎大名的房玄龄、杜如晦等文人都成了他的幕僚，为他出谋划策、尽心竭力，对他成功登上皇位做出了卓越的贡献。这些幕僚也成为大唐的开国功臣，被文人学子们称赞、羡慕。所以，唐朝有才之士并不会拒绝入幕的机会，特别是那些参加科举考试屡屡失败的人和打算“跳槽”的文职人员往往会选择入幕，谋求新的发展。而幕府主人也常常会主动招揽有才华的人，并提供比较优厚的待遇。

为“诗城”代言

765年五月，杜甫一家人乘舟东下，经过嘉州（今四川乐山）、戎州（今四川宜宾）、渝州（今重庆）、忠州（今四川忠县），九月便到达了夔（kuí）州（今重庆奉节）以西的云安县（今重庆云阳）。

在旅途中，杜甫一首《旅夜书怀》，让我们读懂了他的心情。

细草微风岸，危樯独夜舟。

星垂平野阔，月涌大江流。

名岂文章著，官应老病休。

飘飘何所似，天地一沙鸥。

他已经年老体衰，又久病缠身，却长期游走于他乡，就像是一只在天地间孤飞的沙鸥，找不到属于自己的家园。

秋天，杜甫一家在云安停顿了下来。因为杜甫的肺病和痹（bì）病又发作了，身体极不舒服，需要立即休养。幸好有一位姓严的县令很照顾他，安排他住进了县城东边的水阁里。从秋天到冬天，杜甫一直在这里养病，同时也时刻关注着外界的风云变幻。

当时蜀中又变得混乱起来。严武死后，继任的西川节度使兼成都尹郭英乂（yì）骄奢淫逸，引起了下属的强烈不满，继而引发了叛乱，搅得蜀中百姓不得安宁。与此同时，吐蕃、回纥等势力又来滋扰，其他地方的难民也从四面八方逃向蜀地。杜甫对此十分忧虑，写成《三绝句》，真实地记载了当时的情景。

又是一年春来到，杜甫的病情终于好转了，他们一家决定继续出发，从云安前往夔州。766 年四月到 768 年正月，杜甫主要住在夔州。这是一座风景如画的历史文化名城，李白、杜甫、白居易、刘禹锡等唐代诗人都在此留下过动人的诗篇，使得“夔州”有了“诗城”的美誉。杜甫在夔州写下了 400 多首诗，可谓“诗城”最耀眼的“代言人”。

那么，杜甫为什么会在夔州进入“创作高峰期”呢？因为他在这里的生活水平有了较大的提升，不需再为生计发愁，也就有了更多的精力进行诗歌创作了。

来到夔州后，杜甫一开始住在山腰上的“客堂”里，那是一些在山坡上盖起来的简陋房屋，远看好像鸟巢一般。不久杜甫就迁入了城里的“西阁”，这里面临长江，可以饱览壮阔的江景，让他感到心胸开阔，病情也有所缓解。

后来，杜甫又先后搬到了瀼西（位于今重庆奉节大瀼水西岸）、东屯（位于今重庆奉节东白帝镇）。夔州都督对他很是照顾，让他代管一些公田。杜甫自己也租了些公田，还请了几个仆人给自己“打下手”。当时，他种着柑林、稻田、果树，因为听说乌鸡能治痹病，所以又养了不少乌鸡，宛如一个小小的“农家乐”。

杜甫把自己亲自耕地、管理果园的日常生活都写进了诗中，“枫林橘树丹青合，复道重楼锦绣悬”，写的正是欣欣向荣的柑橘园的景象。闲暇时，他游览着夔州的大好山川，白帝城、瞿（qú）塘峡、赤甲山、白盐山都出现在了他的诗句中。

到夔州第二年的重阳节，杜甫登上白帝城外的一处高台，远眺那萧瑟的秋江，引发了对漂泊生活的感慨。这首被称为“七律之冠”的《登高》就这样自然而然地诞生了，并成为后人传诵的经典之作。

风急天高猿啸哀，渚清沙白鸟飞回。

无边落木萧萧下，不尽长江滚滚来。

万里悲秋常作客，百年多病独登台。

艰难苦恨繁霜鬓，潦倒新停浊酒杯。

据说，在创作完这首诗之后，杜甫的一只耳朵已经完全失聪了，牙齿也脱落了好几颗。随着年华逐渐老去，身体越发孱（chán）弱，他常常不自觉地回想起自己的青年时代。

那首《壮游》就是在这个时期创作的，“往昔十四五，出游翰

墨场。斯文崔魏徒，以我似班扬。七龄思即壮，开口咏凤凰。九龄书大字，有作成一囊”，他把自己一生的经历都写在诗里，宛如一篇完整的自传，也为我们研究他的生平经历、思想性格提供了很多珍贵的资料。

这时，杜甫还想起了与李白、高适一起游玩的美好日子，更想到了一个个在自己的人生轨迹中留下深刻印记的人。组诗《八哀诗》就是他为了怀念八个人物而写下的，这些人物中有他钦佩的前辈张九龄，也有名将李光弼，还有他最亲密的朋友如苏源明、严武、郑虔等。这八位人物在生前都有过壮志难酬的经历，让杜甫也产生了强烈的共鸣，他在为这八人悲哀的同时，也是在感伤自己的命运。

同时，杜甫还是一如既往地关心着国家大事。当听说唐代宗过生日，许多节度使入朝祝寿时，他便认为国家是真正统一了，还写诗表示庆贺。可他很快发现，这些节度使随身携带的金钱和宝物都是从百姓那里搜刮来的，这让他的心情又变得沉重起来，便在诗中劝诫唐代宗不要接受这些礼物，但唐代宗又怎么会听从他的建议呢。

这个时候，与杜甫同时代的杰出诗人大多已经离世，很少再有人能和杜甫分享心声，读懂他的忧虑和期盼的了。杜甫只能孤独地在夔州写着诗，怀念着大唐曾经的辉煌和荣光。

趣味延伸

白帝城位于长江三峡瞿塘峡口，这里地势险要，是古代兵家的必争之地。相传在西汉末年，有个叫公孙述的人在这里筑城，一口井中突然冒出一股白色的雾气，形状有些像白龙。公孙述认为这是自己日后登基成龙的征兆。于是，他自称“白帝”，把城池的名字也改成了“白帝城”。221年，刘备兴兵伐吴，却惨败而归，不得不退守白帝城。此后，刘备一直留在白帝城，在临终时，还将国事、家事都托付给了诸葛亮。

历史的渊源使得白帝城吸引了众多文人墨客的目光，“诗仙”李白的“朝辞白帝彩云间”让白帝城更加声名远扬。杜甫在夔州时，也有不少诗歌提到白帝城，如《上白帝城》《白帝》《白帝城最高楼》《秋兴八首》等。如今，白帝城已经成为国家5A级景区，壮丽的三峡风光和厚重的历史文化吸引了无数游客前来游览观光。

不知何处是归途

尽管杜甫在夔州的生活还算安定，但他总想着出峡回乡的事情。一方面是因为这里暑热难耐，杜甫曾用“炎赫衣流汗，低垂气不苏”来描述自己的感受；另一方面是因为这里朋友稀少，时不时还得应当地达官贵人的要求，写一些言不由衷的交际诗篇，这对生性高洁的杜甫来说非常痛苦。所以，在瀼西的时候，他就萌生了去意，想着等到秋凉后出峡，不过为了收稻谷，不得不推迟了计划，后来又有一些其他的原因，让他的出行计划一直没能实现。

之后的日子里，他的身体越来越差，出行就更是难以提上日程了。后来，从没放弃过侵袭中原的吐蕃人，又一度攻陷了邠州、灵州。有从长安过来的熟人告诉杜甫，很多地方的交通都断了，出行的人很少。杜甫不知何时才能北归，回到久别的家乡，便只能在诗中哭诉“路迷何处见三秦”。

768 年年初，事情有了转机。吐蕃退出了关陇地区，交通逐渐恢复。杜甫的弟弟杜观要娶妻，不断写信给他，建议他北上。所以，他终于在行程表上续上了新的一笔——出峡。

但杜甫并没有想到，这一次旅程竟会有那么多波折。

三月，他们乘船到达了第一站——江陵（今湖北荆州），这是一个重要的交通枢纽，不管是出峡还是入峡都要经过这里。本欲继续赶路的计划被突发的叛乱叫停，交通阻断，杜甫一家人只得滞留在当地。

当时他们生活得并不容易，这里的熟人朋友也没能提供多少帮助，而杜甫的身体还越来越差了——他耳聋得厉害，已经听不清客人对他说的话了；右臂也不好使了，想给朋友写封信，都需要儿子代笔；腿脚更是不灵便，走路都要拄着拐杖，想出远门去拜访朋友就更不可能了。

他们在这里好不容易熬到八月，本想着可以继续出发了，不料吐蕃又卷土重来，开始进攻凤翔，就连长安都受到了威胁，杜甫只能彻底放弃了北归。

晚秋时分，他们顺江而下，迁居到了江陵以南的公安县，在那里找到了一处草堂，一家人蜗居在里面，勉强打发日子。后来，这里也发生了战乱，他们又匆匆动身，乘船去了岳州（今湖南岳阳）。

时值初冬，天上飘起了纷纷小雪，洞庭湖上缓缓行来一条小船，这船儿看上去是那么弱不禁风，和烟波浩渺的洞庭湖，和那高达百层的岳阳城，形成了鲜明对比。那站在船头面容憔悴的老者，正是杜甫。

想着自己滞留异乡，有才难展的境况，杜甫内心无比压抑，可他又意识到国家危亡，自己虽贫病交加却仍有一身意气，想着乘风破浪，放舟南下，说不定有一天就会像那扶摇直上的鲲鹏，自由自在地实现伟大的抱负。所以写在这时的《泊岳阳城下》，在悲怆的意境中又有一种不屈的力量。

江国逾千里，山城仅百层。
岸风翻夕浪，舟雪洒寒灯。
留滞才难尽，艰危气益增。
图南未可料，变化有鲲鹏。

困境中的杜甫，面对一次又一次的打击，却不甘心沉沦到底。他不认输、不放弃，在一首首诗歌中唱出了时代的最强音。

在岳州，他登上了神往已久的岳阳楼，在这里写下了名满天下的《登岳阳楼》。

昔闻洞庭水，今上岳阳楼。
吴楚东南坼，乾坤日夜浮。
亲朋无一字，老病有孤舟。

戎马关山北，凭轩涕泗流。

他行走在洞庭湖边，看到白雪皑皑、天寒地冻，渔夫的渔网都被冻结了，无法捕鱼，又想起米价大涨，人民不堪其苦的现状，不禁有感而发，写下了晚年最重要的作品之一《岁晏行》。

岁云暮矣多北风，潇湘洞庭白雪中。渔父天寒网罟冻，莫徭射雁鸣桑弓。去年米贵阙军食，今年米贱大伤农。高马达官厌酒肉，此辈杼轴茅茨空。楚人重鱼不重鸟，汝休枉杀南飞鸿。况闻处处鬻男女，割慈忍爱还租庸。往日用钱捉私铸，今许铅锡和青铜。刻泥为之最易得，好恶不合长相蒙。万国城头吹画角，此曲哀怨何时终？

不久，他听说朋友韦之晋就任衡州（今湖南衡阳）刺史，便决定离开岳州，经潭州到衡州去投奔老友。这一段水程非常惊险，因为要经过许多险滩。途中，他对篙工的撑船技术大为赞赏，但也看到了江边的穷苦人是如何为生计苦苦挣扎的。即便这样，官府对百姓的剥削却有增无减，这让他十分愤慨，于是写下了寓言诗《客从》。

在诗中，他说有客人从南方来，给他送来了珍珠。珍珠里隐约有字，他想辨认却又认不清楚。于是，他把珍珠久久地藏在竹箱里，等着官家来征求。日后等他打开箱子一看，那珍珠却化成了血水，他也没有什么去应付官家的征敛了。

其实，这里的“珍珠”象征着劳动人民用血汗创造出来的劳动果实，而杜甫是想借着这个寓言控诉官府对人民无情的剥削。他虽然是一位大诗人，却总是和劳动人民站在一起，对百姓的痛苦感同身受。

历经万难，杜甫一家终于来到了衡州，没想到韦之晋却被朝廷调到潭州做官，杜甫只赶得上和他告别。就这样，杜甫在衡州又是到处碰壁。在这年的夏天，他带着一家人狼狈地离开衡州，折返潭州。哪知道韦之晋又病故了，这对他来说无异于当头一棒。

回顾出峡后的这些日子，杜甫有一种欲哭无泪的感觉。他就像一条凄凉的小船，在人生的汪洋大海中无助地漂泊着，始终找不到可以停靠的港湾。

趣味延伸

杜甫诗中提到的岳阳楼历史悠久，它的前身是修建于东汉末年的“阅军楼”。那时，东吴大将鲁肃奉命镇守巴丘，操练水军。出于训练和检阅水军的目的，鲁肃修筑了高数丈的“阅军楼”，登楼可观望洞庭湖全景，气势非同凡响。此后，岳阳楼历经多个朝代，屡次毁于大火，又屡次被重修重建。

到了唐代，岳阳楼成了诗人游览观光、展现才学的地方。除了杜甫、李白、元稹、李商隐等，很多唐代诗人都在这里留下过作品。但让岳阳楼闻名天下的，还是宋代的滕子京和范仲淹。

滕子京是一名官员，曾被贬到岳州任知州。来到岳州后，他发现洞庭湖是天下名胜，可原有的楼台却不够壮观气派，便决定重修岳阳楼。在他的主持下，岳阳楼基本重修完毕，便请范仲淹为岳阳楼作记。范仲淹写下了名传千古的《岳阳楼记》，里面那句“先天下之忧而忧，后天下之乐而乐”被人们称颂不已，岳阳楼也随之名满四方。

湘江上的终章

杜甫人生的最后两年，几乎是在船上度过的。从潭州到衡州，然后再返回潭州，他都没能在陆地上找到可以安身的地方，那条小船就成了他最后的“家”。

为了生存下去，他有时会在鱼市上摆设药摊，出售一点儿药物。但对于一家大小的生活来说，这点儿收入无异于杯水车薪。要不是亲戚、朋友偶尔接济，他们的生存都会成问题。

在这段时间里，杜甫依旧坚持写诗，但数量大不如前。其中有一首诗是我们不能不提的，那就是《江南逢李龟年》。770 年三月，苍老多病的杜甫偶遇流落在江南的音乐家李龟年，回想自己十四五岁时在岐王府里和李龟年见面的情景，他感觉恍然如梦。

两人相识于大唐盛世，却在日暮穷途时聚首，此次匆匆一见，也不知道还有没有机会再回到长安相逢！

潭州很快也出现了叛乱，城内火光冲天，不少百姓死于战乱中，剩下的百姓也到处奔逃，局势极为混乱。杜甫一家人连忙驾着小船逃离了潭州，虽然没有受到伤害，却也心有余悸。杜甫更是悲伤、迷茫到极点，在《逃难》诗里写尽了流亡生涯中不尽的辛酸与痛苦。

五十头白翁，南北逃世难。

疏布缠枯骨，奔走苦不暖。

已衰病方入，四海一涂炭。

乾坤万里内，莫见容身畔。

妻孥复随我，回首共悲叹。

故国莽丘墟，邻里各分散。

归路从此迷，涕尽湘江岸。

等冷静下来后，杜甫决定往南去，到郴（chēn）州投奔舅父崔伟。谁知还没到郴州，江水就开始大涨，他们的小船无法通行，一家人又被困在方田驿（耒阳附近的一个驿站）。那时，船上的食物早就吃完了，他们连续几天饿着肚子，几乎到了绝境。幸好有个姓聂的耒（lěi）阳县令得知杜甫被困，派人给他们送来了粮食和一些酒肉。这对他们一家来说无异于雪中送炭。

然而，聂县令的馈赠却引发了很多种谣言，甚至连《旧唐书》《新唐书》都记载说杜甫是因为这些酒肉而死——可能是因为杜甫长时间未进食，又过量食用白酒、牛肉，才造成了悲剧。

还有一种说法来自唐代的李观。李观在《杜甫传补遗》中说杜甫是因为喝醉了酒，回不了家，就睡在酒家。谁料半夜江水暴涨，杜甫惊慌失措，不慎落入水中，再也找不到身影。年迈的唐玄宗有天忽然想起了杜甫，想要召见他，聂县令怕担责任，就修了座空坟，还骗玄宗说杜甫是因为过食白酒牛肉“胀饫（yù）”而死。

其实这些说法都是荒诞无稽的传说，因为杜甫在 770 年夏天还曾赠诗给聂县令，到秋天还有作品问世，他的去世和牛肉、白酒根本扯不上关系。而且唐玄宗早在 762 年就已去世，又怎么可能在八年后召见杜甫呢？

那么，杜甫去世的真相到底是怎样的呢？

原来，杜甫无法南下郴州，便临时改变了计划，想要北上汉

阳（隶属今湖北武汉），再沿着汉水回长安。然而，贫病交加的杜甫再也没有机会实现这个计划了。

长期的水上漂泊生活，让他的病情一天天加重……770 年的冬天，他拖着病体，写下了人生中的最后一首诗——《风疾舟中伏枕书怀三十六韵奉呈湖南亲友》。

他大概也知道自己的生命即将走到尽头，便把这首诗作为绝笔诗来写。诗中，他叙述了自己的病情，又回顾了一生饱受的颠沛流离之苦，还向亲友托付了后事。最后，他还是没有忘记自己

毕生的理想，仍在为国家的危难担忧不已。

写完这首诗不久，杜甫就在湘江上的那条小舟中永远地闭上了双眼。他的家人极度悲伤，却没有条件好好地安葬他，只能把他的灵柩（jiù）暂存在岳州的一个地方。

直到 43 年后，杜甫的孙子杜嗣业（杜甫次子杜宗武的儿子）才想尽办法将爷爷的灵柩迁回偃师，移葬在首阳山下，让他可以常伴先祖。至此，杜甫想要回归故乡的愿望终于得以实现。

值得一提的是，杜嗣业路过江陵时还拜访了诗人元稹，请他为爷爷写一篇墓志铭。元稹是杜甫的“粉丝”，当即接受请求，写下《唐故工部员外郎杜君墓系铭并序》，对杜甫的诗歌成就给予了高度的评价：“则诗人以来，未有如子美者。”

可事实上，盛唐以来，杜甫的诗歌并不怎么被当时的人看好，特别是他 45 岁以前的作品，更不被人注意，以至于很多诗歌都湮没在了历史的尘埃里，没有多少留存到今天。而“安史之乱”后，杜甫的诗名才逐渐彰显。可是后来他又偏居江汉，不被中原地区的文人熟悉，这也影响了他诗歌的传播。在他逝世后，由于元稹、韩愈、白居易等著名诗人大力传播和推崇，杜诗才获得了应有的重视，他在诗坛上的地位也逐渐提升。

当然，杜甫的诗歌能在后世得到广泛的认可，与其作品本身是分不开的。他的诗歌不仅具有深刻的思想内涵，而且艺术手法独特，语言简练而富有表现力。他能够成为中国文学史上的巨匠，被誉为“诗圣”，是实至名归的。

就像闻一多所说的那样，杜甫是“四千年文化中最庄严、最瑰丽、最永久的一道光彩”，他不朽的精神，将永远留在我们的心中！

趣味延伸

杜甫去世的原因，历来颇有争议，而他究竟被安葬在哪里，也有很多种不同的说法。有人曾经统计过，全国的“杜甫墓”至少有8处，除了我们文中提到的湖南耒阳空坟和偃师墓，还有河南巩县、湖南平江、陕西富县、陕西华阴、四川成都、湖北襄阳等几个墓址。这些地方有的是杜甫的出生地（巩县），有的是杜甫曾经旅居过的地方（如富县、成都），有的则是杜甫的灵柩暂存之地（平江）。它们到底是不是真正的杜甫墓葬所在，几乎都没有确定的依据，只有一些地方史志和民间传说予以佐证。

人们如此热衷为杜甫建墓冢，不仅是对他生前贡献的崇高致敬，更是对他诗歌精神的传承和发扬。这种敬仰和怀念之情，将随着时间的推移而愈发深厚，成为中华文化宝库中一道永恒的风景线。